'26

速攻! これだけ!!

SPI

山本和男 著

JN015574

新星出版社

は じ め に

　どういうなりゆきでこの本をお読み頂いているのかはわかりませんが、これこそが「ご縁」というものです。せっかくできたご縁ですから、この出会いを無駄にせず、この本を使ってどうか上手に「シューカツ」を乗り切ってください。

　この本は、就職試験で最もシェアの高い、SPI3の対策本です。新たにオプションとして追加された「構造的把握力検査」や、非言語問題として新しく出題され始めた「チェックボックス」も掲載しています。効率よく勉強が進み、しかも高得点で就職試験を突破できるエッセンスをまとめましたので、素直な気持ちで集中して取り組めば、この本一冊だけで就職戦線を勝ち抜くことができるでしょう。

　語学や法律の資格試験対策では、耳にタコができるくらい「過去問対策が重要だ」と言われます。実は、資格試験ではありませんがSPIも同じことなのです。頻出分野の問題を何度も解き、出題傾向を把握して臨めば、少なくとも「お祈りメール」山積の事態は避けられます。

　とはいえ、SPIは「非公開」の試験ですから、正確な過去問題集はありません。しかし「非公開」の試験であっても、いったん世に出てしまえば概要はわかりますから、本試験問題を真似した問題集を作ることは簡単です。実際、そういう本が無数に出回っています。「いったいどの本で勉強したらよいのかわからない」とお悩みになるのは当然のことです。悩んだ末に、先輩や先生に勧められるまま、売り上げが良さそうな本を選んでしまっていませんか？　無難な選択ではありますが、たくさんの方がそれで失敗しています。

　なぜでしょうか？　それは、その本が「自分に合わない本」だからです。「解説が理解できなくてやる気が失せた」「理解できないから解説を丸暗記しようとしたが無理」という苦い経験は誰もが持っているのですが、恥ずかしくて口に出せないだけなのです。

　論より証拠、まずは本書の解説を読んでみてください。どのページでも構いませんが、最もオーソドックスな解法が、懇切丁寧に解説されています。あえてアクロバティックな解法は掲載していません。なによりも大切なのは「基礎」なのです。

　「基礎」を踏まえた上で、理解を助ける図解を載せたり、友達に自慢できる「おいしい解法」も載せたりしていますので、ぜひモノにしてください。

　つまり、この問題集は、「過去問に解説をつけただけの問題集」ではなく「過去問を解く力をつけるための問題集」なのです。さあ、はじめましょう！

著者●山本和男

本書の 特 徴 と 使 い 方

本書は、SPI3の各分野を「非言語能力検査」「言語能力検査」「構造的把握力検査」「性格検査」という4部構成で収録しています。

「非言語能力検査」「言語能力検査」「構造的把握力検査」では、試験本番への対応力を養う良質の問題を揃え、例題と練習問題の2段階の学習で着実に問題を解く力が身につくようになっています。暗記だけでは対応が難しい「非言語能力検査」では、それぞれの問題の特徴や解き方のコツなどもわかりやすく解説しているので、SPI3の学習がこれ1冊で完了できるようになっています。

学習ページ

例題
その分野で問われる問題のうち、もっとも基本的な出題形式のものを掲載しています。

難易度
各項目の難易度を5段階（5が最高難度）で表しています。

頻出度
ペーパーテストとテストセンターでの各項目の頻出度を3段階（3が最頻出）で表しています。

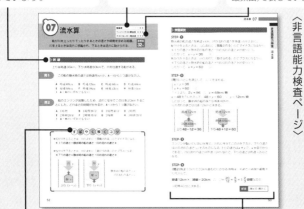

〈非言語能力検査ページ〉

すばやく解くコツ
解答をすばやく導き出すための考え方のポイントを解説しています。

例題解説
「すばやく解くコツ」を踏まえた丁寧な解説で、解法手順を身につけることができます。

練習問題ページ

練習問題
さまざまな難易度の実戦的な問題を掲載しました。自分で問題を解くことで、学習のコツや形式を定着させることができます。

練習問題解説
問題を解くポイントなどを、例や図表を用いて丁寧に解説しています。しっかり理解しましょう。

覚えておこう
さらに速く解ける解法や、問題を理解する助けになる情報などを紹介しています。ぜひ読んでおきましょう。

〈非言語能力検査ページ〉

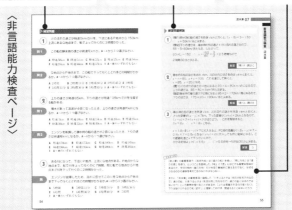

● 赤シートで正解・解説を隠す
重要な部分は赤字にしてあるので、赤シートでこれらを隠して問題を解くことで、より効率的な学習ができます。

性格検査のページ

　「性格検査」では、検査の目的や概略、検査問題の構成や評価の基準を解説しています。

　検査を通じて企業側が何を知りたいのかを示すとともに、検査に対する心構えや、回答の際に注意することなどを掲載しています。

　限られた時間で大量の質問に回答しなければなりませんが、この章を読むだけで格段に回答しやすくなるはずです。

速攻！これだけ!! SPI

contents

Part-1　非言語能力検査

編集協力・本文デザイン：株式会社エディポック

① SPIの概要

SPIの実施形態と種類

2023年の年間利用社数は15,500社、受検者数は約217万人。SPIは、株式会社リクルートマネジメントソリューションズが企業からの委託を受けて実施する「就職」のための試験です。国公立大学か私立大学か、文系か理系かを問わず、全員が同じ試験を受けます。「文系だから非言語分野は苦手なんですけど」「理系だから読解は無理」といった言い訳は通用しません。

2014年以降、すべてのSPIは、SPI3に統一されています。末尾の数字はバージョンの違いを表し、SPIから出題内容や形式などが変更されたものが、SPI3なのです。SPI3には、次の4つの実施形態があります。「SPIとテストセンターの違いは？」という質問をよく受けますが、両者は別モノではなく、SPIの実施形態の1つがテストセンターなのです。

コンピュータを使ったテスト			紙媒体によるテスト
テストセンター	インハウスCBT	WEBテスティング	ペーパーテスティング
専用会場で実施	志望企業で実施	自宅や大学などで実施	志望企業で実施
問題数は受検者によって異なる（IRT※） 言語・非言語あわせて35分			言語40問：30分 非言語30問：40分
性格検査：30分			性格検査：40分

※IRT（Item Response Theory：項目反応理論）という技術を用いた「適応型テスト」で、受検者の解答結果を基にその能力レベルを推定し、最適な問題を次に出題して能力レベルを効率的に測定する形式。

SPIの種類は、日本語版では原則として次の3つになります。

大卒採用向け **SPI3-U**	中途採用向け **SPI3-G**	高卒採用向け **SPI3-H**

この3種類はコンピュータを使った試験です。ペーパーテスティングについてはA（Uの短縮版）、B（研究職向け）、R（大卒・短大卒向け）、N（短大卒・高卒向け）があり、RとNでは「誤謬率」の判定も行われます。

「誤謬率」判定について

　SPI3-RとSPI3-Nに判定がある「誤謬率」とは、（正解数ではなく）正解率のことです。試験の前に必ず「できたところまでしか回答してはいけない」との注意がありますが、要は、適当に回答した結果誤答が増えると、「仕事は早いけどミスが多い」と評価されてしまって、事務職としては致命傷になりますので注意が必要です。

　他の（つまりほとんどの）試験には、誤謬率の判定はありません。ということになると、RとNでなければ、できなくても適当に回答欄を埋めておいたほうがいい、と本気で考える学生（や教える教員）がいても不思議ではありません。しかし、です。本書をパラパラめくればおわかりのように、回答の選択肢は10近くもあり、その中にはゼロ解答（「いずれでもない」）まであるのです。適当に選んで正解に当たるとはとても思えません。そこで僕は、でたらめに塗る時間があったら1問でも正確に解いたほうがよい、とアドバイスしています。試験ですから1点が命運を分けることはありますが、いいかげんに回答して正解できた数点でギリギリ通過できたとしても、最後まで残れないでしょう。

事前の練習は得点アップにつながらないのか？

　能力試験を複数回受検すると、一般的傾向として、1回目よりも2回目のほうが得点が高くなります。これは「慣れる（心構えができる）」からです。ですから、特にコンピュータを使ったテストでは事前の練習は必須です。この本で勉強したあとで、一度はモニター画面での解答を体験したほうがよいでしょう。特に、テストセンターの結果は使い回しができるので、2、3回目で自己ベストを叩き出せるように練習しておきましょう。

　ところで、「能力試験（特に非言語分野）では勉強が得点アップにつながらない」という意見があるようです（だとしたら、この本の存在価値はありません）。WebのFAQに衝撃の調査報告が掲載されていて、それによると「対策本を用いて短期間に行う事前学習は能力検査の結

果に影響を与えるものではない」というのです。

しかし、この報告には疑問があります。まず調査対象の被験者が90名と極端に少ないうえ、その属性も明らかにされていません。「短期間」というのはたったの1週間です。また「対策本を用いた学習」ではどんな勉強をしたのかは不明です。明らかなのは、一部の学生にとってはたった1週間の学習では得点がアップしなかった、ということだけです。このことをもって、「事前の練習は得点アップにつながらない」と断じるのは、論理の飛躍といえます。

短大生や第二新卒者、転職者はどの試験を受けるのか?

短大に講義に行くと「私の場合はどの試験になるのですか?」とよく聞かれます。受検して報告してくれた学生の話を分析すると、会社によってUかHかは異なるようです。会社が短大生をどう評価するかに左右されるのでしょう。あの会社はU、この会社はR、とここには書けませんので、通っている短大の就職課(キャリアセンター)の担当者に聞いてみてください。

また「第二新卒」も新卒と区別なく採用するという会社が増えてきましたが、受検するSPIはUとGが混在しているようです。中には、第二新卒と新卒の区別なくGを実施している会社もありますので、新卒者もできればGを見ておいたほうがよいでしょう。本書はP.150からP.163の練習問題でGにも対応するようにしています。

やればやっただけの成果が得られる

SPIの能力試験は、勉強すれば必ずそれに見合った結果が出ます。これは疑う余地のない明白な事実です。

この問題集は、膨大な受験生からのデータを分類・分析したうえで、習熟度の効率的なアップを第一に考えて構成されています。どうかこの本を信じて、今すぐSPI攻略のための勉強を始めてください。

Part-①
非言語能力検査

計算の基礎　四則演算と小数・分数・百分率・歩合

原則 1
- 計算の順序は、( ) → × ÷ → ＋ −
- 基本は左から右に計算する

例題　次の計算をしなさい。
18 − 8 ÷ 2 × (3 + 1)

解法　「＋」→「÷」→「×」→「−」の順に計算する。

18 − 8 ÷ 2 × 4 = 18 − 4 × 4
= 18 − 16
= 2

> **誤答例**：20, 17
> 「18 − 8」や「2 × 4」を先にやらないように。
> ÷ と × は同じ強さなので左から右へ。

原則 2
- 小数の足し算・引き算は、小数点を揃える
- 掛け算・割り算は、小数点をずらす

例題　次の計算をしなさい。
5.6 − 1.84

解法　小数点を揃えて、数字のないところは「0」を書き加える。

$$\begin{array}{r} 5.6 \\ -1.84 \\ \hline \end{array} \quad \rightarrow \quad \begin{array}{r} 5.60 \\ -1.84 \\ \hline 3.76 \end{array}$$

> **誤答例**：3.84　4.24　3.24
> くれぐれも下から上を引かないように。

原則 3
- 分数の足し算・引き算は、分母を揃える(通分)
- 掛け算は、分母・分子をそのまま掛ける
- 割り算は、÷の記号の後ろの数を「逆数」にして掛ける
- 帯分数は、原則、仮分数に直して計算する(約分を忘れずに)

例題　次の計算をしなさい。
$1\frac{3}{4} \div 3\frac{1}{2}$

解法　帯分数を仮分数に直し、後ろの数を逆数にして掛け、最後に約分する。

$$1\frac{3}{4} \div 3\frac{1}{2}$$ ←帯分数を仮分数にし、

$$= \frac{7}{4} \div \frac{7}{2}$$ ←後ろの数を逆数にして、

$$= \frac{7}{4} \times \frac{2}{7}$$ ←掛けて、

$$= \frac{7 \times 2}{4 \times 7} = \frac{2}{4} = \frac{1}{2}$$ ←最後に約分する。

> $1\frac{3}{4}$は、$1 + \frac{3}{4}$のこと
> ($1 \times \frac{3}{4}$ではない)。

例題 次の計算をしなさい。

$$3\frac{1}{4} - 1\frac{2}{3}$$

解法 引けないときは、通分して整数部分を「1だけ崩す」。

$$3\frac{1}{4} - 1\frac{2}{3}$$ ←分母が3と4なので12で通分

$$= 3\frac{3}{12} - 1\frac{8}{12}$$ ←引けないので、整数部分を「1だけ崩す」

$$= 2 + 1\frac{3}{12} - 1\frac{8}{12}$$

$$= 2 + \frac{15}{12} - 1\frac{8}{12}$$

$$= 2\frac{15}{12} - 1\frac{8}{12}$$

$$= 1\frac{7}{12}$$

> 通分する前にすべてを仮分数に直してもよい。
>
> $$3\frac{1}{4} - 1\frac{2}{3}$$ ←仮分数に直して、
>
> $$= \frac{13}{4} - \frac{5}{3}$$ ←通分して、
>
> $$= \frac{39}{12} - \frac{20}{12}$$
>
> $$= \frac{39 - 20}{12}$$
>
> $$= \frac{19}{12}$$
>
> $$\left(= 1\frac{7}{12} \text{ ←必要に応じて帯分数に直す} \right)$$

小数⇔分数⇔百分率 (%) ⇔歩合の関係

小数	分数	百分率	歩合
(1)	(1)	100%	10割
0.1	$\frac{1}{10}$	10%	1割
0.01	$\frac{1}{100}$	1%	1分
0.001	$\frac{1}{1000}$	0.1%	1厘

$$\frac{1}{2} = 0.5 = 50\% = 5割$$

$$\frac{1}{4} = 0.25 = 25\% = 2割5分$$

$$\frac{1}{8} = 0.125 = 12.5\% = 1割2分5厘$$

$$\frac{3}{8} = 0.375 = 37.5\% = 3割7分5厘$$

$$\frac{5}{8} = 0.625 = 62.5\% = 6割2分5厘$$

$$\frac{7}{8} = 0.875 = 87.5\% = 8割7分5厘$$

実力確認ミニテスト

「非言語分野」攻略の鉄則は、得意な人は不得意分野から、不得意な人は得意分野からである。どこから手をつけるかによって効率が大きく変わる。意外に思うかもしれないが、勉強の順序が重要なのである。

自分の得意・不得意分野がどこなのかが明確でない人は、まずはこの「テスト」にチャレンジしてほしい。効率的な学習のため、本番での出題頻度が比較的低い「記数法」（P.150）から「縮尺」（P.162）までの問題はここでは省略した（ちなみに、「言語分野」では学習の順序は重要ではない。「言語分野」は好きなところからやってよい）。

まず、問題番号の下に日付を書き、問題を解く。自力で正答までたどり着けたら○、自力で解けたが回答が間違っていたら△、解法の見当もつかないときは×を書く。全問終わったら、得意な人は×のついた問題から、不得意な人は○のついた問題から、そこに書かれた単元とページを開いて「例題」から解いていけばよい。ひと通り終わったら、あとは反復練習するのみ。すべての単元に○がつくまで何度も復習して（○がついても繰り返して）、この本をボロボロにしてください。

項　目　一　覧

① ベン図	⑪ 確率	㉑ 年齢算
② 仕事算	⑫ 対偶と三段論法	㉒ 鶴亀算
③ 給排水算	⑬ 推論（包含関係）	㉓ 植木算
④ 速さの基礎	⑭ 推論（対応関係）	㉔ 作業日程（PERT法）
⑤ 旅人算	⑮ 推論（順序関係）	㉕ 不等式と領域
⑥ 通過算	⑯ 損益計算	㉖ 資料の読み取り（構成比）
⑦ 流水算	⑰ 割合と比	㉗ 資料の読み取り（分布）
⑧ 濃度の計算	⑱ 料金の割引	㉘ 線形計画法
⑨ 平均	⑲ 分割払い	㉙ 流通比率
⑩ 順列・組み合わせ	⑳ 料金の精算	㉚ ブラックボックス

No.1
ベン図

1回目
月　日

2回目
月　日

犬と猫について好きか好きでないかのアンケートを実施したところ、200人から回答があり、犬好きが130人、猫好きが110人、犬も猫も好きでない人が20人いた。このとき、犬も猫も好きな人は何人いたか。A〜Iから1つ選びなさい。

A　40人　　　　B　50人　　　　C　60人　　　　D　70人
E　80人　　　　F　90人　　　　G　100人　　　H　110人
I　A〜Hのいずれでもない

→本文28ページ

No.2
仕事算

1回目
月　日

2回目
月　日

春子が1人ですると12時間、秋子が1人ですると18時間かかる課題がある。この課題に、2人で力を合わせて取り組むと、仕上げるのにどれほどの時間がかかるか。A〜Iから1つ選びなさい。

A　6時間　　　　B　6時間12分　C　6時間20分　D　6時間36分
E　6時間40分　F　7時間　　　　G　7時間12分　H　7時間20分
I　A〜Hのいずれでもない

→本文32ページ

No.3
給排水算

1回目
月　日

2回目
月　日

ある水槽は、給水ポンプPだと10分、給水ポンプQだと15分で満水になる。また、満水の水槽を空にするのは、排水ポンプRで18分かかる。給水ポンプPとQの2台で4分間給水した後、給水ポンプを止めて排水ポンプRで排水を開始すると、空になるまでにどれほどの時間がかかるか。A〜Iから1つ選びなさい。

A　9分20秒　　B　10分　　　　C　10分40秒　　D　11分20秒
E　12分　　　　F　12分40秒　　G　13分20秒　　H　14分
I　A〜Hのいずれでもない

→本文36ページ

No.4
速さの基礎

1回目
月　日

2回目
月　日

次の表は、P停留所からQ停留所まで行き、同じ経路を戻って往復する高速直通バスの時刻表である。このバスはPQ間を行きは時速60kmで走る。PQ間の距離は何kmか。A〜Iから1つ選びなさい。

| 10:00発 | P停留所 | 11:00着 |
| 10:30着 | Q停留所 | 10:42発 |

A　18km　　　　B　30km　　　　C　48km　　　　D　60km
E　72km　　　　F　90km　　　　G　100km　　　H　180km
I　A〜Hのいずれでもない

→本文40ページ

No.5

旅人算

1回目
月　日

2回目
月　日

PとQが、400m離れたところに立っている。そこからPは分速50mで、Qは分速30mで休まずに歩く。2人が同時に、PがQの方へ向かい、QがPの方へ向かって一本道を歩き始めたとき、PとQが出会うのは何分後か。A〜Iから1つ選びなさい。

A　5分　　　　　B　7分40秒　　C　8分　　　　　D　10分30秒
E　12分　　　　F　13分　　　　G　13分20秒　　H　20分
I　A〜Hのいずれでもない

→ 本文44ページ

No.6

通過算

1回目
月　日

2回目
月　日

長さ160mの快速列車が時速72km、長さ400mの特急列車が時速108kmで走っている。快速列車が、長さ700mの鉄橋を完全に渡り切るまで、何秒かかるか。A〜Iから1つ選びなさい。

A　36秒　　　　B　37秒　　　　C　38秒　　　　D　39秒
E　40秒　　　　F　41秒　　　　G　42秒　　　　H　43秒
I　A〜Hのいずれでもない

→ 本文48ページ

No.7

流水算

1回目
月　日

2回目
月　日

上りは時速36km、下りは時速60kmで、川を往復する船がある。この船の静水時の速さは時速何kmか。A〜Iから1つ選びなさい。

A　時速40km　B　時速42km　C　時速44km　D　時速46km
E　時速48km　F　時速50km　G　時速52km　H　時速54km
I　A〜Hのいずれでもない

→ 本文52ページ

No.8

濃度の計算

1回目
月　日

2回目
月　日

8%の食塩水300gに、13%の食塩水を混ぜて、11%の食塩水を作りたい。13%の食塩水を何g加えればよいか。A〜Iから1つ選びなさい。

A　200g　　　　B　250g　　　　C　300g　　　　D　350g
E　400g　　　　F　450g　　　　G　500g　　　　H　550g
I　A〜Hのいずれでもない

→ 本文56ページ

No.9
平均

1回目
月　日

2回目
月　日

P、Q、R、S、Tの5人の身長は次の通りである。この5人全員の平均身長は何cmか。A〜Iから1つ選びなさい。

P	Q	R	S	T
168.5cm	170.5cm	169.5cm	2人の平均175.5cm	

A 169.9cm　　**B** 171.0cm　　**C** 171.3cm　　**D** 171.5cm
E 171.9cm　　**F** 172.0cm　　**G** 172.3cm　　**H** 172.5cm
I A〜Hのいずれでもない

→本文60ページ

No.10
順列・
組み合わせ

1回目
月　日

2回目
月　日

男子3人、女子2人からなるダンス・ユニットがある。この5人の中から3人を選ぶとき、少なくとも1人は女子が含まれる場合の数は何通りか。A〜Iから1つ選びなさい。

A 9通り　　**B** 12通り　　**C** 18通り　　**D** 24通り
E 36通り　　**F** 48通り　　**G** 54通り　　**H** 60通り
I A〜Hのいずれでもない

→本文64ページ

No.11
確率

1回目
月　日

2回目
月　日

中が見えない箱に、白玉が5個、赤玉が3個入っている。箱の中から2個の玉を同時に取り出すとき、2個とも同色になる確率はどれか。A〜Iから1つ選びなさい。

A $\frac{15}{56}$　　**B** $\frac{5}{14}$　　**C** $\frac{13}{28}$　　**D** $\frac{15}{28}$　　**E** $\frac{11}{14}$
F $\frac{15}{64}$　　**G** $\frac{25}{64}$　　**H** $\frac{15}{32}$
I A〜Hのいずれでもない

→本文68ページ

No.12
対偶と
三段論法

1回目
月　日

2回目
月　日

「睡眠が充分足りている学生は、講義を集中して聴く」と「前の晩早寝をした学生は、睡眠が充分足りている」が正しいとき、以下のアとイの文章で内容が正しいものはどれか。A〜Dから1つ選びなさい。

ア：睡眠が足りていない学生は、講義を集中して聴けない
イ：前の晩早寝をした学生は、講義を集中して聴く

A アのみ　　**B** イのみ　　**C** アとイ　　**D** なし

→本文72ページ

19

No.13

推論
（包含関係）

1回目
　月　日

2回目
　月　日

P、Q、Rの3人の子どもを動物園に連れて行った。その夜、3人は自分の記憶を元に動物園にいた動物について次のような発言をした。なお、発言の真偽はわからない。

P「白い鳥がいたね」
Q「鳥がいたよ」
R「白鳥がいた」

次のア〜ウの中で、正しい文章のみを組み合わせたものはどれか。A〜Iから1つ選びなさい。

ア：Pが正しければ、Qは正しい
イ：Qが正しければ、Rは正しい
ウ：Rが正しければ、Pは正しい

A アのみ　B イのみ　　C ウのみ　D アとイ　E イとウ
F アとウ　G アとイとウ　H 正しい文章はない
I 決まらない

→本文76ページ

No.14

推論
（対応関係）

1回目
　月　日

2回目
　月　日

P、Q、R、Sの4人に、4人のアイドル（a〜d）のうち好きな2人を教えてもらったところ、次のような結果になった。

ⅰ：Pはaが、Qはbが、Rはcが、Sはdが好きと言った
ⅱ：Pが好きな2人とSが好きな2人は、1人も重ならなかった
ⅲ：どのアイドルも、4人のうち2人から好きと言われた

次のア〜ウの中で、正しい記述を組み合わせたものはどれか。A〜Iから1つ選びなさい。

ア：Pはbを好きと言った
イ：Qはcを好きではないと言った
ウ：Rはdを好きと言った

A アのみ　B イのみ　　C ウのみ　D アとイ　E イとウ
F アとウ　G アとイとウ　H 正しい記述はない
I 決まらない

→本文80ページ

No.15

推論
（順序関係）

1回目
　月　日

2回目
　月　日

　P、Q、R、S、Tの5人がある検定試験を受けに行った。解答し終わった者から帰ってよいということだったので、Qは終了時刻まで解答していたが、ほかの4人は終了時刻より前に別々に帰宅した。この4人が帰宅した順序について次のことがわかっている。

　　 i：SとTの間に1人が帰っていった。
　　 ii：TはRより先に帰った。

　次のア〜ウの中で、必ずしも誤りとはいえない記述を組み合わせたものはどれか。A〜Iから1つ選びなさい。

　　ア：Rは3番目に帰った
　　イ：Sは2番目に帰った
　　ウ：Tは1番目に帰った

A アのみ　　B イのみ　　C ウのみ　　　D アとイ
E イとウ　　F アとウ　　G アとイとウ
H 必ずしも誤りとはいえない記述はない
I 決まらない

→ 本文84ページ

No.16

損益計算

1回目
　月　日

2回目
　月　日

　ある商店では、原価2500円で仕入れた商品に、利益を見込んで定価をつけて販売しようとしたが、売れなかったので20%引した売値をつけたところ、すぐに売れた。定価が原価の40%増だったとすると、最終的な利益はいくらか。A〜Iから1つ選びなさい。

A 300円　B 400円　C 500円　D 600円　E 700円
F 800円　G 900円　H 1000円　I A〜Hのいずれでもない

→ 本文88ページ

No.17

割合と比

1回目
　月　日

2回目
　月　日

　ある大学のある学部は、学生150名中の40%が留学生で、その30%が女性である。また、残りはすべて日本人でその男女比は、2：3である。日本人学生の中で男性は何人いるか。A〜Iから1つ選びなさい。

A 18人　　B 24人　　C 30人　　D 36人　　E 42人
F 48人　　G 54人　　H 72人　　I A〜Hのいずれでもない

→ 本文94ページ

あるカフェではパンケーキを1枚a円で販売しているが、リピーターのために、14枚分のパンケーキが食べられる回数券をひとつづり10a円で販売している。16枚のパンケーキを、回数券を使って購入すると、1枚あたりいくらで購入できることになるか。A〜Iから1つ選びなさい。

A $\frac{2}{3}$a円　　B $\frac{3}{4}$a円　　C $\frac{4}{5}$a円　　D $\frac{5}{6}$a円　　E $\frac{5}{7}$a円

F $\frac{6}{7}$a円　　G $\frac{7}{9}$a円　　H $\frac{8}{9}$a円

I A〜Hのいずれでもない　　→ 本文98ページ

絵画を分割払いで購入することになり、契約時に頭金として購入価格の $\frac{1}{3}$ を支払った。残額を3回で均等に支払うことにすると、1回の支払額は頭金のどれほどにあたるか。A〜Iから1つ選びなさい。

A $\frac{1}{9}$　　B $\frac{2}{9}$　　C $\frac{1}{3}$　　D $\frac{2}{3}$　　E $\frac{1}{6}$

F $\frac{1}{12}$　　G $\frac{1}{8}$　　H $\frac{3}{8}$

I A〜Hのいずれでもない　　→ 本文102ページ

P、Q、Rの3人で泊りがけの小旅行に出かけた。初日にかかった費用5800円をPが、2日目にかかった費用12500円をQが支払ったが、Rはまったく支払っておらず、あとで精算することにした。2日目終了時点で精算すると、誰が誰にいくら払えばよいか。A〜Iから1つ選びなさい。

A PがQに300円、PがRに6100円
B QがPに300円、QがRに6100円
C RがPに300円、RがQに6100円
D QがPに300円、RがPに6100円
E PがQに300円、RがQに6100円
F PがRに300円、QがRに6100円
G PがQに6100円、RがQに300円
H PがRに6100円、QがRに300円
I A〜Hのいずれでもない　　→ 本文106ページ

No.21

年齢算

1回目
　月　日

2回目
　月　日

現在、父の年齢は48歳、娘の年齢は20歳、息子の年齢は18歳である。父の年齢が娘の年齢の3倍になるのはいつか。A～Iから1つ選びなさい。

A 12年前　B 10年前　C 8年前　D 6年前　E 6年後
F 8年後　 G 10年後　H 12年後　I A～Hのいずれでもない

→ 本文110ページ

No.22

鶴亀算

1回目
　月　日

2回目
　月　日

ある洋菓子店では、1枚80円と50円の2種類のクッキーを販売していたが、材料費の高騰により、1枚2円ずつ値上げすることにした。値上げ前、合わせて7枚の代金が500円のとき、安いクッキーは何枚あったか。A～Iから1つ選びなさい。

A 1枚　B 2枚　C 3枚　D 4枚　　E 5枚
F 6枚　G 7枚　H 0枚　　I A～Hのいずれでもない

→ 本文114ページ

No.23

植木算

1回目
　月　日

2回目
　月　日

長さ160mの遊歩道がある。この遊歩道に20mおきに桜の木を植えたい。出入り口を除く遊歩道の左右両側に桜の木を植えていくとき、桜の木は全部で何本必要か。A～Iから1つ選びなさい。

A 7本　　B 8本　　C 9本　　D 10本　E 14本
F 16本　 G 18本　 H 20本　 I A～Hのいずれでもない

→ 本文118ページ

No.24

作業日程
（PERT法）

1回目
　　月　日

2回目
　　月　日

次の図は、ある作業の手順をそれにかかる日数を表している。ある作業を始めるには、その作業の前にある矢印の作業がすべて終わっていなければならない。

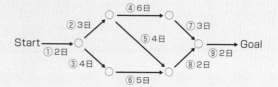

すべての作業が完了するのは最短で何日か。**A**～**I**から1つ選びなさい。

A 13日　　**B** 14日　　**C** 15日　　**D** 16日　　**E** 17日
F 18日　　**G** 19日　　**H** 20日　　**I** **A**～**H**のいずれでもない

→ **本文122ページ**

No.25

不等式と
領域

1回目
　　月　日

2回目
　　月　日

次の3つの式によって示される直線や曲線によって、平面は9つの領域に分けられる。

ア：$y = x^2 - 4$
イ：$y = 2$
ウ：$y = x - 2$

次の3つの不等式によって表される領域は、①～⑨のどれか。**A**～**I**から1つ選びなさい。

ア'：$y > x^2 - 4$
イ'：$y < 2$
ウ'：$y > x - 2$

A ①③　　**B** ④⑨　　**C** ⑤　　**D** ⑤⑧　　**E** ②⑤⑧
F ⑦⑧　　**G** ⑨　　**H** ⑦⑨　　**I** **A**～**H**のいずれでもない

→ **本文126ページ**

No.26
資料の読み取り（構成比）

1回目
　月　日

2回目
　月　日

大学生を対象に「よく観る動画のジャンルを1つ教えてください」というアンケートを実施したところ、次のような結果になった。なお、複数のジャンルに回答した学生や無回答の学生はいない。バラエティをよく観ると回答した学生は何人いたか。A〜Iから1つ選びなさい。

	人数（人）	構成比（%）
バラエティ		56
ドラマ		
スポーツ	30	12
音楽	20	
ニュース	15	
合計		100

A　70人　　B　84人　　C　98人　　D　112人　　E　126人
F　140人　　G　154人　　H　168人　　I　A〜Hのいずれでもない

→ 本文130ページ

No.27
資料の読み取り（分布）

1回目
　月　日

2回目
　月　日

次の表は、高校のあるクラスで実施した、数学と国語の成績である。

		数学				
		0~20点	21~40点	41~60点	61~80点	81~100点
国語	0~20点	1				
	21~40点	1	1		1	
	41~60点		4	5	2	1
	61~80点	1	2	7	4	1
	81~100点		1	5	3	

（人）

数学が41点以上で、国語が61点以上の学生は、クラス全体の何パーセントを占めるか。A〜Iから1つ選びなさい。なお、一の位を四捨五入して答えなさい。

A　10%　　B　20%　　C　30%　　D　40%　　E　50%
F　60%　　G　70%　　H　80%　　I　A〜Hのいずれでもない

→ 本文134ページ

ある小さなレストランでは、次の条件を満たすように、毎日肉料理と魚料理の下準備をしている。

条件①　肉料理は8食以上
条件②　魚料理は4食以上
条件③　肉料理と魚料理の
　　　　合計は20食以下
条件④　魚料理は10食以下

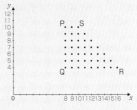

横軸に肉料理、縦軸に魚料理をとって図示すると、条件にあてはまる組み合わせは図中のドットで表される。

肉料理の原価が1食あたり3000円、魚料理の原価が1食あたり2000円とすると、原価の合計が最も高い点はどれか。A〜Eから1つ選びなさい。

A　点P　B　点Q　C　点R　D　点S　E　1つの点に絞り切れない

→本文138ページ

合同企業説明会会場において、学生がどのように企業のブースを見て回るかを調査したところ、各社の訪問者数について下図のような関係が判明した。大文字（W〜Z）は参加企業のブースを、矢印脇の小文字（a〜d）は移動した学生の割合を表している。たとえば、W社のブースを訪問した学生のうちaの割合の学生が、Y社のブースを訪れている。

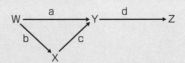

Zを、Wと比率で表すとどのような式になるか。正しい組み合わせを、A〜Iから1つ選びなさい。

ア　$Z=(a+bc+d)W$　　イ　$Z=abcdW$
ウ　$Z=(a+bc)dW$　　　エ　$Z=(ab+c)dW$

A　アのみ　B　イのみ　C　ウのみ　D　エのみ　E　アとイ
F　アとウ　G　イとウ　H　ウとエ　I　A〜Hのいずれでもない

→本文142ページ

No.30

ブラック
ボックス

1回目
　月　日

2回目
　月　日

次のような2種類のブラックボックス、XとYがある。

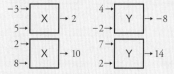

このブラックボックスを組み合わせて、次のような回路を作った。

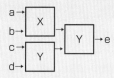

a＝3、b＝−6、c＝−2、d＝−5を入力すると、eからは何が出力されるか。A〜Iから1つ選びなさい。

A	−30	B	−15	C	−7	D	0	E	3
F	13	G	24	H	32				

I　A〜Hのいずれでもない

→ 本文146ページ

正答一覧

自力で解けたら○、自力で解いて間違ったら△、解き方がわからなければ×をチェックボックスに書き込もう

	1回目	2回目			1回目	2回目			1回目	2回目
1 C				11 C				21 D		
2 G				12 B				22 B		
3 E				13 F				23 E		
4 B				14 B				24 D		
5 A				15 F				25 C		
6 H				16 A				26 F		
7 E				17 D				27 E		
8 F				18 B				28 C		
9 E				19 D				29 C		
10 A				20 E				30 A		

01 ベン図

難易度	★ ★ ★ ★ ★
ペーパーテスト頻出度	★ ★ ★
テストセンター頻出度	★ ★ ★

2つの「集合」の、共通している／いない部分に含まれる個数を求める問題。枠の中に2つの円を描いて、方程式を立てる。

正解率 52%

例 題

犬と猫について好きか好きでないかのアンケートを実施したところ、200人から回答があり、犬好きが130人、猫好きが110人、犬も猫も好きでない人が20人いた。

問1 犬も猫も好きな人は何人いたか。A〜Iから1つ選びなさい。

A	40人	B	50人	C	60人	D	70人	E	80人
F	90人	G	100人	H	110人	I	A〜Hのいずれでもない		

問2 犬だけ好きな人と、猫だけ好きな人との差は何人か。A〜Iから1つ選びなさい。

A	0人	B	20人	C	40人	D	60人	E	80人
F	100人	G	120人	H	140人	I	A〜Hのいずれでもない		

す ば や く 解 く コ ツ

★「ベン図」は、まず大きな枠を描き、その中に大きな2つの円AとBを重なるように描いて、全体を4つの部分に分ける。たとえば「犬が好き」な人の集合をA、「猫が好き」な人をBとする。

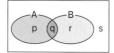

★ベン図の中の4つの部分（p、q、r、s）は、それぞれ、
p：AであってBではない集まり（犬は好きだが猫は好きでない）
q：AであってBでもある集まり（犬も猫も好き）
r：AではなくてBである集まり（犬は好きでないが猫は好き）
s：AでもBでもない集まり（犬も猫も好きでない）
を表している。

★ベン図の中の4つの部分の合計が全体になるので、
≪p＋q＋r＝全体－s≫という方程式が成り立つ。

> ▶ **例題解説**

STEP-❶

「犬好き」の集合と「猫好き」の集合をそれぞれ円にまとめて、枠の中にお互いに重なるように2つの円を描く。

STEP-❷

ベン図の中に、犬好き：130人、猫好き：110人、全体：200人、犬も猫も好きでない：20人、を書き込む。

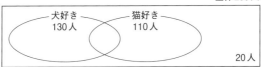

STEP-❸

左ページの「すばやく解くコツ」にならって解いていく。
ベン図の中央部分（p：犬も猫も好きな人）をx人とおくと、
p：犬好きだが猫は好きでない人は$(130-x)$人
r：猫好きだが犬は好きでない人は$(110-x)$人
と表すことができる。

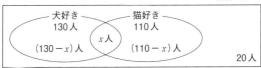

STEP-❹

ベン図の4つの部分の合計が全体になるので、
$(130-x)+x+(110-x)=200-20$
$240-x=180$ ∴ $x=60$人

STEP-❺

(問1)犬も猫も好きな人は、60人と決まる。
(問2)犬だけ好きな人は、$130-60=70$人、猫だけ好きな人は
$110-60=50$人なので、その差は$70-50=20$人と決まる。

解答	(問1)C (問2)B

1 就職活動中の大学生に、言語分野と非言語分野について得意かどうかの調査を行ったところ283人から回答があり、言語分野が得意と答えた人が214人、非言語分野が得意と答えた人が165人いた。また、非言語分野は得意だけれども言語分野が不得意と答えた人が44人いた。

問1 両分野とも得意と答えた人は何人いるか。A～Iから1つ選びなさい。

A 25人 B 35人 C 69人 D 93人 E 118人
F 121人 G 131人 H 178人 I A～Hのいずれでもない

問2 両分野とも不得意と答えた人は何人いるか。A～Iから1つ選びなさい。

A 25人 B 35人 C 69人 D 93人 E 118人
F 121人 G 131人 H 178人 I A～Hのいずれでもない

2 高校生に人気のある2人のアイドルPとQについて、ある高校で好きか嫌いかのアンケートを取ったところ、300人から回答が寄せられた。

	好き	嫌い	どちらでもない
Pについて	183	58	59
Qについて	87	127	86

問1 PとQの両方を「好き」と答えた人が45人いたとすると、いずれにも「好き」とは答えなかった人は何人いるか。A～Iから1つ選びなさい。

A 42人 B 48人 C 75人 D 98人 E 117人
F 125人 G 138人 H 145人 I A～Hのいずれでもない

問2 PとQの両方を「嫌い」と答えた人が39人いたとすると、いずれも「嫌い」とは答えなかった人は何人いるか。A～Iから1つ選びなさい。

A 19人 B 39人 C 58人 D 88人 E 127人
F 154人 G 173人 H 242人 I A～Hのいずれでもない

▶**練習問題解説**

1 「言語得意」と「非言語得意」のベン図を描く。

全体283人

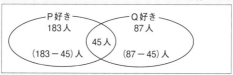

(問1) 両分野とも得意、と答えた人（ベン図の中央部分）を x 人とおくと、
$165 - x = 44$　∴　$x = 121$人
(問2) ⬭の形の中には、$214 + 44 = 258$人がいるので、両分野とも不得意と答えた人は $283 - 258 = 25$人と決まる。

> 解答　(問1) F (問2) A

2 **(問1)** 「P好き」「Q好き」のベン図を描く。

全体300人

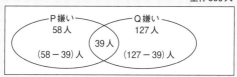

$(183 - 45) + 45 + (87 - 45) = 225$より、$300 - 225 = 75$人と決まる。

(問2) 「P嫌い」「Q嫌い」のベン図を描く。

全体300人

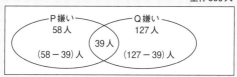

$(58 - 39) + 39 + (127 - 39) = 146$人より、$300 - 146 = 154$人と決まる。

> 解答　(問1) C (問2) F

02 仕事算

難易度	★ ★ ☆ ★ ★
ペーパーテスト頻出度	☆ ★ ★
テストセンター頻出度	☆ ★ ★

作業や課題などの「仕事」を異なる時間で仕上げる複数の人が、力を合わせたり交代したりして仕上げる問題。全体量を「1」とおく。

正解率 43%

例題

春子が1人ですると12時間、秋子が1人ですると18時間かかる課題がある。

問1

この課題に、2人で力を合わせて取り組むと、仕上げるのにどれほどの時間がかかるか。A〜Iから1つ選びなさい。

A 6時間　　　　B 6時間12分　　C 6時間20分　　D 6時間36分
E 6時間40分　　F 7時間　　　　G 7時間12分　　H 7時間20分
I A〜Hのいずれでもない

問2

この課題に、春子と秋子が交代しながら取り組んだところ、14時間で仕上げることができた。14時間のうち、春子が取り組んでいた時間の合計を、A〜Iから1つ選びなさい。

A 5時間　　B 6時間　　C 7時間　　D 8時間　　E 9時間
F 10時間　　G 12時間　　H 13時間　　I A〜Hのいずれでもない

すばやく解くコツ

★《1時間あたりの仕事量×時間数=仕事量》という関係がある。
「全体の仕事量」を「時間数」で割って「1時間あたりの仕事量」を求める。

★全体の仕事量を「1」とおき、各人の「1時間あたりの仕事量」を求める。

★仕事算では、分母の異なる分数同士の足し算（場合によっては引き算）と、分数の割り算が正確にできないと正解には到達しない。

★分母の異なる分数は最小公倍数を使って分母を揃え（「通分」）、分数の割り算は割る数（A÷Bの式ではAではなくBの方）の分子と分母を逆にして掛ける（逆数にして掛ける）。

▶ 例題解説

STEP-❶

全体の仕事量を「1」とおき、1時間あたりの仕事量を求める。この仕事を

春子は12時間で仕上げるので、1時間あたりの仕事量は、$1 \div 12 = \dfrac{1}{12}$

秋子は18時間で仕上げるので、1時間あたりの仕事量は、$1 \div 18 = \dfrac{1}{18}$

STEP-❷

(問1)春子と秋子が力を合わせると、1時間あたり$\dfrac{1}{12} + \dfrac{1}{18} = \dfrac{3+2}{36} = \dfrac{5}{36}$

の仕事をすることになる。

全体の仕事を仕上げるのにかかる時間は、全体量1を、1時間あたりの仕事

量$\dfrac{5}{36}$で割ることで求められる。よって$1 \div \dfrac{5}{36} = 1 \times \dfrac{36}{5} = 7.2$時間となる。

0.2時間＝12分(←0.2×60)なので、7時間12分と決まる。

STEP-❸

(問2)春子と秋子が交代しながら14時間でこの仕事を仕上げることができ
たので、春子がx時間、秋子がy時間取り組んだとすると、時間に関して

①$x + y = 14$が成り立ち、仕事量に関して②$\dfrac{1}{12}x + \dfrac{1}{18}y = 1$が成り立つ。

STEP-❹

①、②を連立して解き、春子が取り組んだ時間を求める。

$$\begin{cases} x + y = 14 & \cdots ① \\ \dfrac{1}{12}x + \dfrac{1}{18}y = 1 & \cdots ② \end{cases}$$

②×36　　$3x + 2y = 36$　…②'
①×2　　　$2x + 2y = 28$　…①'
②'−①'　　　∴　$x =$　8時間

したがって、春子が取り組んだ時間は8時間と決まる。

解答	(問1) G (問2) D

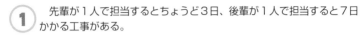

1 先輩が1人で担当するとちょうど3日、後輩が1人で担当すると7日かかる工事がある。

問1 この工事を、先輩と後輩の2人で力を合わせて担当すると、1日で全体のどれほどが仕上がるか。A～Iから1つ選びなさい。

A $\dfrac{1}{21}$ B $\dfrac{4}{21}$ C $\dfrac{10}{21}$ D $\dfrac{3}{10}$ E $\dfrac{7}{10}$

F $\dfrac{1}{5}$ G $\dfrac{3}{7}$ H $\dfrac{4}{7}$ I A～Hのいずれでもない

問2 この工事を、先輩と後輩の2人で力を合わせて担当すると、全体を仕上げるのに何日かかるか。A～Iから1つ選びなさい。

A 1日   B 2日   C 3日   D 4日   E 5日
F 6日   G 10日   H 21日   I A～Hのいずれでもない

2 ある仕事を仕上げるのに、P1人で20時間、Q1人で15時間、R1人で12時間かかる。

問1 PとQとRの3人が力を合わせてこの仕事に取り組むと、仕上げるのにどれほどの時間がかかるか。A～Iから1つ選びなさい。

A 1時間   B 2時間   C 2時間30分   D 3時間
E 3時間30分   F 4時間   G 4時間30分   H 5時間
I A～Hのいずれでもない

問2 PとQの2人が力を合わせてこの仕事に6時間取り組んだのち、残りをR1人で仕上げるとき、全体でどれほどの時間がかかるか。A～Iから1つ選びなさい。

A 3時間36分   B 4時間24分   C 5時間12分   D 6時間48分
E 8時間24分   F 9時間36分   G 10時間12分   H 11時間48分
I A～Hのいずれでもない

▶ **練習問題解説**

1 全体の仕事量を「1」とおくと、1日あたりの仕事量は、先輩は3日で仕上げるので $\frac{1}{3}$、後輩は7日で仕上げるので $\frac{1}{7}$ となる。

(問1) 先輩と後輩の1日あたりの仕事量の合計は $\frac{1}{3} + \frac{1}{7} = \frac{10}{21}$ と決まる。

(問2) 先輩と後輩の1日あたりの仕事量の合計は $\frac{10}{21}$ なので、

2人が力を合わせると、$1 \div \frac{10}{21} = 1 \times \frac{21}{10} = 2.1$ 日となる。

2.1日かかるということは2日では仕上がらないので、3日かかると決まる。

解答 **(問1)** C **(問2)** C

日数の場合は（四捨五入ではなく）切り上げる。

2 全体の仕事量を「1」とおくと、1時間あたりの仕事量は、Pは $\frac{1}{20}$、

Qは $\frac{1}{15}$、Rは $\frac{1}{12}$ である。

(問1) 3人が力を合わせると、1時間あたり $\frac{1}{20} + \frac{1}{15} + \frac{1}{12} = \frac{3+4+5}{60}$

$= \frac{12}{60} = \frac{1}{5}$ の仕事をすることになるので、$1 \div \frac{1}{5} = 5$ 時間と決まる。

(問2) $\left(\frac{1}{20} + \frac{1}{15} \right) \times 6 = \frac{7}{60} \times 6 = \frac{7}{10}$ なので、

残りは $1 - \frac{7}{10} = \frac{3}{10}$ である。

これをRが1人で完成させるので、$\frac{3}{10} \div \frac{1}{12} = 3.6$ 時間。

「全体で」なので、PとQの2人で取り組んだ時間を合計し、

6時間＋3.6時間＝9.6時間＝9時間36分と決まる。

解答 **(問1)** H **(問2)** F

03 給排水算

難易度	★★★ ★★
ペーパーテスト頻出度	★★
テストセンター頻出度	★★

給水管や排水管を使って、水槽を満水にしたり、満水から空にし
たりする問題。「仕事算」の理解が前提となる。

正解率
37 %

例 題

ある水槽を満水にするための給水ポンプが2種類（PとQ）と、満水から
空にするための排水ポンプが1種類（R）ある。この水槽は、給水ポンプP
だと10分で満水になり、給水ポンプQだと15分で満水になる。また、満
水になったこの水槽を空にするには、排水ポンプRで18分かかる。

問1

給水ポンプPとQの合計2台で4分間給水した後、給水ポンプを止
めて排水ポンプRを稼働させ排水を開始すると、空になるまでにどれほ
どの時間がかかるか。A～Iから1つ選びなさい。

A 9分20秒　B 10分　　　C 10分40秒　D 11分20秒　E 12分
F 12分40秒　G 13分20秒　H 14分　　　I A～Hのいずれでもない

問2

給水ポンプPと給水ポンプQで給水を開始すると同時に、排水ポンプ
Rで排水を開始すると、満水になるまでにどれほどの時間がかかるか。
A～Iから1つ選びなさい。

A 8分20秒　B 9分　　　C 9分40秒　D 10分20秒　E 11分
F 11分40秒　G 12分20秒　H 13分　　　I A～Hのいずれでもない

す ば や く 解 く コ ツ

★満水状態を「1」において、1分あたりの給水量・排水量を求めておく。

★空の水槽を満水にする場合は、給水がプラス、排水がマイナスになる。
満水の水槽を空にする場合は、排水がプラス、給水がマイナスになる。

★給水管と排水管を同時に使うとき、
満水にする場合は、給水量－排水量
空にする場合は、排水量－給水量
と考えて、それぞれ求めることができる。

例題解説

STEP-❶

満水状態を「1」とおくと、

給水ポンプPの1分あたりの給水量は、$1 \div 10 = \dfrac{1}{10}$

給水ポンプQの1分あたりの給水量は、$1 \div 15 = \dfrac{1}{15}$

排水ポンプRの1分あたりの排水量は、$1 \div 18 = \dfrac{1}{18}$

と表すことができる。

STEP-❷

(問1)給水ポンプPとQの合計2台で4分間給水すると、

$\left(\dfrac{1}{10} + \dfrac{1}{15} \right) \times 4 = \dfrac{3+2}{30} \times 4 = \dfrac{5 \times 4}{30} = \dfrac{2}{3}$ となり、

満水状態の $\dfrac{2}{3}$ が給水できる。

STEP-❸

給水ポンプPとQを止めて、排水ポンプRを稼働させ排水を開始したとき、

水槽には満水状態の $\dfrac{2}{3}$ の水がたまっている。これをすべて排水して水槽を

空にするためにかかる時間は、1分あたりの排水量 $\dfrac{1}{18}$ で割ることで求める

ことができる。したがって $\dfrac{2}{3} \div \dfrac{1}{18} = \dfrac{2}{3} \times 18 = 12$分でこの水槽は空に

なる。

STEP-❹

(問2)給水ポンプPと給水ポンプQで給水を開始すると同時に、排水ポン
プRで排水を開始すると、1分あたり、

$\dfrac{1}{10} + \dfrac{1}{15} - \dfrac{1}{18} = \dfrac{9+6-5}{90} = \dfrac{10}{90} = \dfrac{1}{9}$ の水を給水することができる。

したがって、$1 \div \dfrac{1}{9} = 9$分でこの水槽を満水にできる。

解答 (問1) E (問2) B

1 空の水槽を満水にするのに、給水ポンプPを使うと12分、給水ポンプQを使うと8分かかり、満水状態の水槽を空にするのに、排水ポンプRを使うと18分、排水ポンプSを使うと9分かかる。

問1 給水ポンプPとQを使って給水しつつ、同時に排水ポンプRとSを使って排水すると、空の水槽を満水にするのにどれほどの時間がかかるか。A〜Iから1つ選びなさい。

A 12分	B 16分	C 20分	D 24分	E 28分
F 32分	G 36分	H 40分	I A〜Hのいずれでもない	

問2 満水状態の水槽を、排水ポンプRとSで排水しながら、同時に給水ポンプPで給水すると、この水槽を空にするのにどれほどの時間がかかるか。A〜Iから1つ選びなさい。

A 6分	B 8分	C 10分	D 12分	E 14分
F 16分	G 18分	H 20分	I A〜Hのいずれでもない	

問3 排水ポンプを止めて、給水ポンプPと給水ポンプQを交互に使って、10分間で満水状態になるように給水を始めた。給水ポンプPは合計何分間使えばよいか。A〜Iから1つ選びなさい。

A 1分間	B 2分間	C 3分間	D 4分間	E 5分間
F 6分間	G 7分間	H 8分間	I A〜Hのいずれでもない	

2 空の状態から満水にするのに給水管1本を使うと7時間、満水状態から空にするのに排水管1本を使うと9時間かかるプールがある。

問1 給水管3本で給水すると同時に、排水管1本で排水すると、このプールを空の状態から満水にするのにどれほどの時間がかかるか。A〜Iから1つ選びなさい。

A 3時間	B 3時間3分	C 3時間6分	D 3時間9分
E 3時間12分	F 3時間15分	G 3時間18分	H 3時間21分
I A〜Hのいずれでもない			

問2 給水管1本で給水すると同時に、排水管2本で排水すると、このプールを満水状態から空にするのにどれほどの時間がかかるか。A〜Iから1つ選びなさい。

A 12時間	B 12時間18分	C 12時間36分	D 12時間54分
E 13時間	F 13時間18分	G 13時間24分	H 13時間36分
I A〜Hのいずれでもない			

▶ **練習問題解説**

1　満水状態を「1」とおくと、1分あたりの給水量と排水量は、

給水ポンプPは $1 \div 12 = \dfrac{1}{12}$、給水ポンプQは $1 \div 8 = \dfrac{1}{8}$、排水ポンプRは $1 \div 18 = \dfrac{1}{18}$、排水ポンプSは $1 \div 9 = \dfrac{1}{9}$ となる。

(問1) 給水ポンプPとQで給水しながら、排水ポンプRとSで排水するので、1分あたりの給水量は、

$P + Q - R - S = \dfrac{1}{12} + \dfrac{1}{8} - \dfrac{1}{18} - \dfrac{1}{9}$ で求めることができる。

$\dfrac{1}{12} + \dfrac{1}{8} - \dfrac{1}{18} - \dfrac{1}{9} = \dfrac{6 + 9 - 4 - 8}{72} = \dfrac{3}{72} = \dfrac{1}{24}$ なので、

1分あたりの給水量は $\dfrac{1}{24}$ となる。したがって、満水状態になるまでに

$1 \div \dfrac{1}{24} = 24$ 分かかる。

(問2) 排水ポンプRとSで排水しながら、給水ポンプPで給水するので、1分あたりの排水量は $R + S - P = \dfrac{1}{18} + \dfrac{1}{9} - \dfrac{1}{12}$ で求めることができる。

$\dfrac{1}{18} + \dfrac{1}{9} - \dfrac{1}{12} = \dfrac{4 + 8 - 6}{72} = \dfrac{6}{72} = \dfrac{1}{12}$ なので、1分あたりの排水量は

$\dfrac{1}{12}$ となる。したがって空にするために $1 \div \dfrac{1}{12} = 12$ 分かかる。

(問3) 給水ポンプPを x 分使うとすると、給水ポンプQは $(10 - x)$ 分使うことになる。よって、$\dfrac{1}{12} \times x + \dfrac{1}{8} \times (10 - x) = 1$ という方程式が成り立つ。これを解くと、$x = 6$ となるので、給水ポンプPは6分使えばよいと決まる（なお給水ポンプQは4分）。

解答　(問1) D (問2) D (問3) F

2　**(問1)** $1 \div \left(\dfrac{1}{7} \times 3 - \dfrac{1}{9} \right) = 1 \div \dfrac{27 - 7}{63} = 1 \div \dfrac{20}{63} = \dfrac{63}{20} = 3\dfrac{3}{20}$

→3時間9分と決まる。

(問2) $1 \div \left(\dfrac{1}{9} \times 2 - \dfrac{1}{7} \right) = 1 \div \dfrac{14 - 9}{63} = 1 \div \dfrac{5}{63} = \dfrac{63}{5} = 12\dfrac{3}{5}$

→12時間36分と決まる。

解答　(問1) D (問2) C

04 速さの基礎

難易度	★ ★ ★ ★ ★
ペーパーテスト頻出度	★ ★ ★
テストセンター頻出度	★ ★ ★

速さ、時間、距離のうち2つがわかっていて残り1つを求める問題。時速・分速・秒速、km・mを迅速に互換できるようにしたい。

正解率 58%

▶ 例題

次の表は、P停留所からQ停留所まで行き、同じ経路を戻って往復する高速直通バスの時刻表である。このバスは行きはPQ間を時速60kmで走る。

| 10:00発 | P停留所 | 11:00着 |
| 10:30着 | Q停留所 | 10:42発 |

問1

PQ間の距離は何kmか。A～Iから1つ選びなさい。

A 18km B 30km C 48km D 60km E 72km
F 90km G 100km H 180km I A～Hのいずれでもない

問2

PQ間の帰りの速さは時速何kmか。A～Iから1つ選びなさい。

A 時速18km B 時速30km C 時速48km D 時速60km
E 時速72km F 時速90km G 時速100km H 時速120km
I A～Hのいずれでもない

す ば や く 解 く コ ツ

★最も重要な公式は≪速さ×時間=距離≫である。
この公式だけを覚えておいて、必要に応じて逆算すればよい。

「速さ」を求めるのであれば、距離÷時間=$\dfrac{距離}{時間}$

「時間」を求めるのであれば、距離÷速さ=$\dfrac{距離}{速さ}$

> **例題解説**

STEP-❶

(問1)行きは10：00発10：30着なので、PQ間を30分で走ったことになる。30分を「時間」に直すと、$\frac{30}{60}$ 時間（$=\frac{1}{2}$ 時間＝0.5時間）となるので、≪速さ×時間＝距離≫の公式にあてはめると、PQ間の距離は、

時速60km × $\frac{30}{60}$時間＝□km ∴ □＝30kmと決まる。

STEP-❷

(問2)帰りは10：42発11：00着なので、QP間を18分で走ったことになる。18分を「時間」に直すと、$\frac{18}{60}$ 時間（$=\frac{3}{10}$ 時間＝0.3時間）となるので、≪速さ×時間＝距離≫の公式にあてはめると、**時速□km × 0.3時間 ＝30km**。したがってPQ間の帰りの速さは、**30÷0.3＝100km/時**と決まる。

| 解答 | (問1) B (問2) G |

> **覚えておこう**

「時速○km⇔分速○km⇔分速○m⇔秒速○m」変換早見表

「時速」は「1時間に進む距離」のこと。1時間＝60分なので、「分速」に直すには60で割ればよい。逆に分速を時速に直すには60倍する。
「分速」は「1分間に進む距離」のこと。1分間＝60秒なので、「秒速」に直すには60で割ればよい。逆に秒速を分速に直すには60倍する。

時速 （→60で割る→）		分速 （→60で割る→）		秒速
時速36km	分速0.6km	分速600m		秒速10m
時速54km	分速0.9km	分速900m		秒速15m
時速60km	分速1km	分速1000m		秒速$\frac{50}{3}$m
時速72km	分速1.2km	分速1200m		秒速20m
時速90km	分速1.5km	分速1500m		秒速25m
時速108km	分速1.8km	分速1800m		秒速30m
時速120km	分速2km	分速2000m		秒速$\frac{100}{3}$m

1 　下の表は、P停留所からQ停留所まで行き、同じ経路を戻って往復する高速直通バスの時刻表である。なお、PQ間の距離は20kmである。

```
10：36発    P停留所    （  ）着
   ↓                      ↑
11：00着    Q停留所    13：00発
```

問1　PQ間の行きの速さは時速何kmか。**A～I**から１つ選びなさい。

A 時速15km　**B** 時速30km　**C** 時速40km　**D** 時速45km　**E** 時速50km
F 時速60km　**G** 時速75km　**H** 時速90km　**I** **A～H**のいずれでもない

問2　PQ間を、帰りは行きの0.6倍の速さで進んだとすると、帰りのP停留所の到着時刻はどれか。**A～I**から１つ選びなさい。

A 13：18　　**B** 13：20　　**C** 13：24　　**D** 13：27　　**E** 13：30
F 13：36　　**G** 13：40　　**H** 13：42　　**I** **A～H**のいずれでもない

2 　右の表は、P駅からQ駅を経てR駅まで行き、同じ経路を戻って往復する鉄道の時刻表である。PQ間の距離は20km、QR間の距離は30kmである。

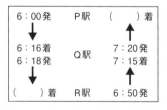

```
6：00発    P駅      （  ）着
   ↓                    ↑
6：16着    Q駅      7：20発
6：18発              7：15着
   ↓                    ↑
（  ）着   R駅      6：50発
```

問1　往路はPQ間とQR間で速さを変えなかったとすると、R駅の到着時刻はどれか。**A～I**から１つ選びなさい。

A 6：38　　**B** 6：40　　**C** 6：42　　**D** 6：44　　**E** 6：46
F 6：48　　**G** 6：50　　**H** 6：52　　**I** **A～H**のいずれでもない

問2　復路のQR間の速さは秒速何mか。**A～I**から１つ選びなさい。

A 秒速 2m　**B** 秒速 5m　**C** 秒速10m　**D** 秒速12m　**E** 秒速15m
F 秒速20m　**G** 秒速25m　**H** 秒速30m　**I** **A～H**のいずれでもない

▶ 練習問題解説

1

(問1)行きは10：36発11：00着なので、PQ間を24分で走ったことになる。24分を「時間」に直すと$\frac{24}{60}$時間（＝$\frac{2}{5}$時間＝0.4時間）となるので、《速さ×時間＝距離》にあてはめると、時速□km×0.4時間＝20kmとなる。したがってPQ間の行きの速さは20÷0.4＝50km/時と決まる。

(問2)前問の結果から、PQ間の行きの速さは時速50kmであるから、帰りの速さは50×0.6＝30km/時となる。PQ間の距離は20kmなので、《速さ×時間＝距離》にあてはめると、時速30km×□時間＝20kmとなって、PQ間の帰りの時間は20÷30＝$\frac{20}{30}$＝$\frac{2}{3}$時間→40分になる。したがって、P停留所到着時刻は13時40分と決まる。

> **解答**　(問1)E (問2)G

2

(問1)速さが変わらないのであれば、距離の比がかかる時間の比になるので、16：□＝20：30　∴　□＝24　したがって6時42分と決まる。

(問2)30kmを25分で走るのだから、30000÷25＝1200m/分→秒速20mと決まる。

> **解答**　(問1)C (問2)F

※分速1200mは秒速20mである（1200÷60＝20）。

覚えておこう

≪速さ×時間＝距離≫から、「距離」が一定の場合は、「速さ」と「時間」は反比例の関係になる。つまり、「速度」が2倍、3倍、……になれば「時間」は

$\frac{1}{2}$、$\frac{1}{3}$、……となり、逆に「速度」が$\frac{1}{2}$、$\frac{1}{3}$、…になれば「時間」は2倍、3倍、

……となる。
このことを利用して、次の問題に挑戦してみよう。
〔問〕（左頁の練習問題②を前提にして、）復路のPQ間は、往路のPQ間の2倍の速さで走ったとすると、P駅の到着時刻はいつか。

〔解説〕距離が変わらないのであれば、速さを2倍にしたらかかる時間は$\frac{1}{2}$になる。

往路に16分かかっているので、復路は8分かかる。したがって、Q駅7：20発なのでP駅着は7時28分と決まる。

05 旅人算

難易度	★ ★ ★ ★ ★
ペーパーテスト頻出度	★ ★ ★
テストセンター頻出度	★ ★ ★

2人が一定の速度を保ちながら進むときに、出会ったりすれ違ったりする問題。「反対方向」と「同じ方向」の違いを理解しよう。

正解率 **43%**

> **例 題**

PとQが、400m離れたところに立っている。そこからPは分速50mで、Qは分速30mで休まずに歩き始める。

問1

2人が同時に、PがQの方へ、QがPの方へ向かって一本道を歩き始めたとき、PとQが出会うのは何分後か。A～Iから1つ選びなさい。

A　5分　　B　7分40秒　　C　8分　　D　10分30秒　E　12分
F　13分　　G　13分20秒　H　20分　　I　A～Hのいずれでもない

問2

2人が同時に、PがQの方へ向かい、QがPから逃げるように一本道を歩き始めたとき、PがQに追いつくのは何分後か。A～Iから1つ選びなさい。

A　5分　　B　7分40秒　　C　8分　　D　10分30秒　E　12分
F　13分　　G　13分20秒　H　20分　　I　A～Hのいずれでもない

す ば や く 解 く コ ツ

★離れたところにいる2人が、お互いの方へ向かってくる（つまり**反対方向**に進む）と、2人は1分間で2人の「**速さの和**」だけ近づく。たとえば、分速50mのPと分速30mのQは、1分間で（50＋30）m近づくことになる。このことは、同じ地点にいる2人が背中合わせに進んで離れていく場合も同じことである（「**速さの和**」を使う）。

★離れたところにいる2人が、一方が他方を追いかける（つまり2人が**同じ方向**に進む）と、2人は1分間で2人の「**速さの差**」だけ近づく（または離れていく）。たとえば分速50mのPと分速30mのQは、1分間で（50－30）m差が縮まることになる。このことは、同じ地点にいる2人が同時に出発して同方向に進んでいく場合も同じことである（「**速さの差**」を使う）。

▶ **例題解説**

STEP-❶

(問1)PとQは「反対方向」に進むので、「速さの和」を使って
≪速さ×時間＝距離≫の公式にあてはめる。

$(50＋30)×\square＝400$　∴　$\square＝400÷80＝5$分後と決まる。

STEP-❷

(問2)PとQは「同じ方向」に進むので、「速さの差」を使って
≪速さ×時間＝距離≫の公式にあてはめる。

$(50－30)×\square＝400$　∴　$\square＝400÷20＝20$分後と決まる。

解答　(問1) A (問2) H

「時間⇔分」の変換早見表

	時間	分		時間	分
0.1時間	$\dfrac{6}{60}＝\dfrac{1}{10}$時間	6分	0.25時間	$\dfrac{15}{60}＝\dfrac{1}{4}$時間	15分
0.2時間	$\dfrac{12}{60}＝\dfrac{1}{5}$時間	12分	0.5時間	$\dfrac{30}{60}＝\dfrac{1}{2}$時間	30分
0.3時間	$\dfrac{18}{60}＝\dfrac{3}{10}$時間	18分	0.75時間	$\dfrac{45}{60}＝\dfrac{3}{4}$時間	45分
0.4時間	$\dfrac{24}{60}＝\dfrac{2}{5}$時間	24分			
0.5時間	$\dfrac{30}{60}＝\dfrac{1}{2}$時間	30分	－	$\dfrac{10}{60}＝\dfrac{1}{6}$時間	10分
0.6時間	$\dfrac{36}{60}＝\dfrac{3}{5}$時間	36分	－	$\dfrac{20}{60}＝\dfrac{1}{3}$時間	20分
0.7時間	$\dfrac{42}{60}＝\dfrac{7}{10}$時間	42分	0.5時間	$\dfrac{30}{60}＝\dfrac{1}{2}$時間	30分
0.8時間	$\dfrac{48}{60}＝\dfrac{4}{5}$時間	48分	－	$\dfrac{40}{60}＝\dfrac{2}{3}$時間	40分
0.9時間	$\dfrac{54}{60}＝\dfrac{9}{10}$時間	54分	－	$\dfrac{50}{60}＝\dfrac{5}{6}$時間	50分

1 9：00にMが時速2.4kmで出発してから、8分経って、Mの忘れ物に気づいたNが時速7.2kmでMを追いかけた。

問1 Nが出発したとき、Mは何m先にいるか。**A**〜**I**から1つ選びなさい。

A	80m	**B**	160m	**C**	240m	**D**	320m	**E**	400m
F	480m	**G**	560m	**H**	640m	**I**	**A**〜**H**のいずれでもない

問2 NがMに追いつく時刻はどれか。**A**〜**I**から1つ選びなさい。

A	9：04	**B**	9：08	**C**	9：12	**D**	9：16	**E**	9：20
F	9：24	**G**	9：28	**H**	9：32	**I**	**A**〜**H**のいずれでもない

2 PとQがそれぞれ一定の速さで、池の周りを休むことなく走り続ける。同じ方向に走るとPはQに12分ごとに追いつき、反対方向に走るとPはQに2分ごとに出会う。なお、Pの速さは分速70mである。

問1 Qの速さは分速何mか。**A**〜**I**から1つ選びなさい。

A 分速20m	**B** 分速24m	**C** 分速30m	**D** 分速36m	**E** 分速40m
F 分速48m	**G** 分速50m	**H** 分速54m	**I** **A**〜**H**のいずれでもない

問2 この池は1周何mか。**A**〜**I**から1つ選びなさい。

A 120m	**B** 160m	**C** 200m	**D** 240m	**E** 280m
F 320m	**G** 360m	**H** 400m	**I** **A**〜**H**のいずれでもない

3 時速5.1kmで進むMと時速3.9kmで進むNが、お互いがいる方向に向かって同時に歩き始め、しばらくして出会った。Mの歩いた距離はNの歩いた距離よりも100m長かった。

問 当初2人は何m離れていたか。**A**〜**I**から1つ選びなさい。

A 750m	**B** 760m	**C** 770m	**D** 780m	**E** 790m
F 800m	**G** 810m	**H** 820m	**I** **A**〜**H**のいずれでもない

▶**練習問題解説**

1 M：時速2.4km＝時速2400m＝分速40m、
N：時速7.2km＝時速7200m＝分速120m　である。

(問1) 時速2.4km×8分＝分速40m×8分＝320mと決まる。

(問2) 「追いかける」は「同じ方向」なので、速さの差を使う。すると
120－40＝80　これを≪速さ×時間＝距離≫にあてはめると、80×
□＝320　∴　□＝320÷80＝4分後となる。
Mが出発したのが9時、Nが追いかけ始めたのが9時8分、その4分後に
追いつくので9時12分と決まる。

> 解答　(問1) D (問2) C

2 **(問1)** 「追いつく」というのは「距離の差が1周分になる」（いわゆる「周
回遅れ」）ということであるから、Qの速さを分速xmとおくと、PとQは
1分間に$(70-x)$m離れることになる。PはQに12分ごとに追いつく
ことから、この池の1周の長さは、$(70-x)×12$mと表すことができる。
「出会う」というのは「距離の和が1周分になる」ということであるから、
Qの速さを分速xmとおくと、PとQは1分間に$(70+x)$m離れること
になる。PはQに2分ごとに出会うことから、この池の1周の長さは$(70$
$+x)×2$mと表すこともできる。
そこで$(70-x)×12=(70+x)×2$という方程式が立つ。これを解く
と、$x=50$となりBの速さは50m/分と決まる。

(問2) $x=50$を$(70-x)×12$に代入すると、$(70-50)×12=20$
$×12=240$mと決まる。念のため$(70+x)×2$に代入しても、$(70+$
$50)×2=120×2=240$mとなる。

> 解答　(問1) G (問2) D

3 まず、時速kmを分速mに変換しておく。（kmをmに直して60で割る。）
時速5.1km＝時速5100m＝分速85m　←5100÷60＝85
時速3.9km＝時速3900m＝分速65m　←3900÷60＝65

x分後に出会ったとすると、それまでにMは85xm、Nは65xm進んだ
ことになり、MのほうがNよりも100m長く歩いたので$85x=65x+$
100　∴　$x=5$　よって、5分後に出会う。

2人は5分で出会ったのだから、当初2人が離れていた距離は、「速さの和」
を≪速さ×時間＝距離≫にあてはめて、$(85+65)×5=150×5=$
750mと決まる。

> 解答　A

06 通過算

難易度　★★★★★
ペーパーテスト頻出度　★★★
テストセンター頻出度　★★★

電車が電柱の前を通ったり、鉄橋やトンネルを通過したり、電車同士がすれ違ったり追い抜いたりする問題。図を描いて状況把握を。

正解率 **39**%

例題

長さ160mの快速列車が時速72km、長さ400mの特急列車が時速108kmで走っている。

問1　快速列車が、長さ700mの鉄橋を完全に渡り切るまで、何秒かかるか。A〜Iから1つ選びなさい。

A　36秒　　B　37秒　　C　38秒　　D　39秒　　E　40秒
F　41秒　　G　42秒　　H　43秒　　I　A〜Hのいずれでもない

問2　上りの快速列車が、下りの特急列車とすれ違うのに何秒かかるか。A〜Iから1つ選びなさい。

A　11.0秒　　B　11.2秒　　C　11.4秒　　D　11.6秒　　E　11.8秒
F　12.0秒　　G　12.2秒　　H　12.4秒　　I　A〜Hのいずれでもない

す　ば　や　く　解　く　コ　ツ

★列車が移動する問題は自分が「運転手」になったつもりになって「移動距離」を考える。

★移動距離は、
　①電車が電柱や人の前を通り過ぎるとき…列車の長さになる。
　②トンネルや鉄橋を通り過ぎるとき…列車の長さ＋トンネルの長さになる。
　③電車同士がすれ違ったり追い抜いたりするとき…両方の列車の長さの和になる（走っている列車同士だと考えにくいので、片方を止めてみる）。

★「速さ」は、
　①電車が電車とすれ違う場合は、反対方向なので「速さの和」を使う。
　②電車が電車を追い抜く場合は、同じ方向なので「速さの差」を使う。

▶ **例題解説**

STEP-❶

問1も問2も「何秒かかるか?」とたずねているので、先に「時速(km)」を「秒速(m)」に換算しておく(P.41「変換早見表」参照)。

快速列車：時速　72km ÷ 60 = 分速1.2km
　　　　　　　　　　　 1.2km = 1200m
　　　　　　　　　 1200m ÷ 60 = 秒速20m
特急列車：時速108km ÷ 60 = 分速1.8km
　　　　　　　　　　　 1.8km = 1800m
　　　　　　　　　 1800m ÷ 60 = 秒速30m

STEP-❷

(問1)運転手(☆の位置)になって移動距離を考えると、快速列車の長さ+鉄橋の長さになる。

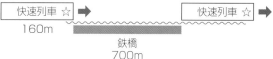

STEP-❸

≪速さ×時間=距離≫の公式にあてはめる。
秒速20m × □秒 = (700 + 160)m　∴　□ = 860 ÷ 20 = 43秒と決まる。

STEP-❹

(問2)運転手になって移動距離を考えると、快速列車の長さ+特急列車の長さになる。2つの列車を合わせた長さ(距離)に対する速さの合計を求めればよい。

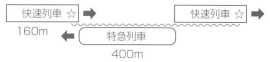

速さは、反対方向(すれ違い)なので「速さの和」になる。

STEP-❺

≪速さ×時間=距離≫の公式にあてはめる。
秒速(20 + 30)m × □秒 = (160 + 400)m
∴　□ = 560 ÷ 50 = 11.2秒と決まる。

| 解答 | (問1) H (問2) B |

1 線路沿いに立って電車を見ているS君の前を、普通列車が時速36km、特急列車が時速90kmで通過する。なお、普通列車も特急列車も一両あたり20mの車両で編成されている。

問1 8両編成の普通列車は、S君の前を通り過ぎるのに何秒かかるか。A〜Iから1つ選びなさい。

A 6秒 　　 B 8秒 　　 C 10秒 　　 D 12秒 　　 E 14秒
F 16秒 　 G 18秒 　 H 20秒 　　 I A〜Hのいずれでもない

問2 特急列車がS君の前を通過するのに12秒かかったとすると、特急列車は何両編成か。A〜Iから1つ選びなさい。

A 13両 　 B 14両 　 C 15両 　 D 16両 　 E 17両
F 18両 　 G 19両 　 H 20両 　 I A〜Hのいずれでもない

---

2 長さ160mの快速列車が時速72km、長さ400mの特急列車が時速108kmで走っている。

問1 特急列車が、長さ4kmのトンネルに完全に隠れているのは何秒間か。A〜Iから1つ選びなさい。

A 110秒 　 B 120秒 　 C 130秒 　 D 140秒 　 E 150秒
F 160秒 　 G 170秒 　 H 180秒 　 I A〜Hのいずれでもない

問2 上りの特急列車が、並行して走る上りの快速列車を追い抜くのに何秒かかるか。A〜Iから1つ選びなさい。

A 36秒 　 B 43秒 　 C 46秒 　 D 53秒 　 E 56秒
F 63秒 　 G 66秒 　 H 73秒 　 I A〜Hのいずれでもない

---

3 時速60kmで走る普通列車がある。

問 上下線を走る普通列車同士が6秒ですれ違うとき、この普通列車の長さは何mか。A〜Iから1つ選びなさい。

A 100m 　 B 110m 　 C 120m 　 D 130m 　 E 140m
F 150m 　 G 160m 　 H 170m 　 I A〜Hのいずれでもない

▶練習問題解説

1

(問1)時速36km＝秒速10m、移動距離は普通列車の長さ160mなので、
秒速10m×□秒＝160m　∴　□＝16秒と決まる。

(問2)時速90km＝秒速25m、通過するのに12秒かかったので、移動
距離は25×12＝300mとなる。一両の長さは20mなので、
300÷20＝15両編成と決まる。

解答　(問1)F (問2)C

2

(問1)特急列車がトンネルに完全に隠れているときの運転手(☆)の移動距
離は、トンネルの長さから特急列車の長さを引いた4000－400＝
3600mで、特急列車の速さは時速108km＝秒速30mなので、
秒速30m×□秒＝3600m　∴　□＝120秒間と決まる。

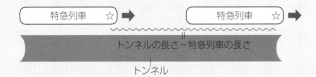

(問2)運転手(☆)の移動距離は、快速列車の長さ＋特急列車の長さなので
160＋400＝560mとなり、特急列車と快速列車は同じ方向に進むの
で(追い抜き)、「速さの差」を使う。

特急列車の速さ：時速108km＝秒速30m、
快速列車の速さ：時速72km＝秒速20mなので「速さの差」は30－20
＝10m/秒となる。
≪速さ×時間＝距離≫にあてはめると、秒速10m×□秒＝560m
∴　□＝560÷10＝56秒と決まる。

解答　(問1)B (問2)E

3

まず時速60km＝秒速$\frac{50}{3}$mである。すれ違う場合は「反対方向」なので
「速さの和」になり、移動距離は上下線の列車の長さの和になる。

$\left(\frac{50}{3}+\frac{50}{3}\right)×6＝200$が上下線の列車の和(つまり2本分)となるので、
普通列車1本分の長さは200÷2＝100mと決まる。

解答　A

07 流水算

船が川を上ったり下ったりするときの速さや時間を求める問題。
川を上るときは流れに邪魔され、下るときは流れに助けられる。

正解率 **32%**

例 題

上りは時速36km、下りは時速60kmで、川を往復する船がある。

問1　この船の静水時の速さは時速何kmか。A〜Iから1つ選びなさい。

A 時速40km　　B 時速42km　　C 時速44km　　D 時速46km
E 時速48km　　F 時速50km　　G 時速52km　　H 時速54km
I A〜Hのいずれでもない

問2　船のエンジンが故障したため、流れに任せてこの川を20km下ることにした。どれほどの時間がかかるか。A〜Iから1つ選びなさい。

A 1時間　　　　B 1時間20分　　C 1時間40分　　D 2時間
E 2時間20分　　F 2時間40分　　G 3時間　　　　H 3時間20分
I A〜Hのいずれでもない

す ば や く 解 く コ ツ

★船が川を上るときは、川の流れに「邪魔される」のでマイナスになる。
　≪上りの速さ＝静水時の船の速さ－川の流れの速さ≫

★船が川を下るときは、川の流れに「助けられる」のでプラスになる。
　≪下りの速さ＝静水時の船の速さ＋川の流れの速さ≫

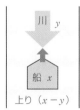

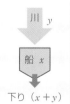

静水時の船の速さ＝ x
川の流れの速さ＝ y

> **例題解説**

STEP-①

静水時の船の速さを時速 x km、川の流れの速さを時速 y km とおく。

船が川を上るときは、川の流れに「邪魔される」のでマイナスになるから、

≪上りの速さ＝静水時の船の速さ－川の流れの速さ≫が成り立つ。

したがって、$x - y = 36$ …①

船が川を下るときは、川の流れに「助けられる」のでプラスになるから、

≪下りの速さ＝静水時の船の速さ＋川の流れの速さ≫が成り立つ。

したがって、$x + y = 60$ …②

STEP-②

(問1)①と②を連立して、x、y を求める。

$$\begin{cases} x - y = 36 & \cdots① \\ x + y = 60 & \cdots② \end{cases}$$

①＋②より、$2x = 96$ ∴ $x = 48$ km/時

$x = 48$ を②に代入して、$48 + y = 60$ ∴ $y = 12$ km/時

したがって、静水時の船の速さは時速 48km、

川の流れの速さは時速 12km と決まる。

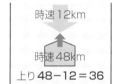

時速12km / 時速48km / 上り 48－12＝36

時速12km / 時速48km / 下り 48＋12＝60

STEP-③

エンジンが動いていない状態で、流れに任せてこの川を下ると、下りの速さは川の流れの速さ（y）そのものになる（下りの速さは $x + y$ で、$x = 0$ だからである）。川の流れの速さは時速 12km なので、下りの速さは時速 12km となる。

STEP-④

(問2)時速 12km で 20km 進むのにかかる時間は、≪速さ×時間＝距離≫に代入して、

時速12km×□時間＝20km ∴ $□ = \dfrac{20}{12} = \dfrac{5}{3} = 1\dfrac{2}{3}$ 時間なので

1時間40分と決まる。

解答	(問1) E (問2) C

1 川の流れの速さが時速5kmの川を、下流にあるP地点から150km上流にあるQ地点まで、船で上って行くのに3時間かかった。

問1 この船の静水時の速さは時速何kmか。A～Iから1つ選びなさい。

A 時速50km　B 時速51km　C 時速52km　D 時速53km　E 時速54km
F 時速55km　G 時速56km　H 時速57km　I A～Hのいずれでもない

問2 Q地点からP地点まで、この船で下って行くとどれほどの時間がかかるか。A～Iから1つ選びなさい。

A 2時間　　　B 2時間15分　C 2時間30分　D 2時間45分　E 3時間
F 3時間15分　G 3時間30分　H 3時間45分　I A～Hのいずれでもない

---

2 上りの速さが時速65km、下りの速さが時速105kmで川を往復する船がある。

問1 増水があって流速が4倍になったとき、上りの速さは時速何kmになるか。A～Iから1つ選びなさい。

A 時速 5km　B 時速10km　C 時速15km　D 時速20km　E 時速25km
F 時速30km　G 時速35km　H 時速40km　I A～Hのいずれでもない

問2 エンジンを新調して静水時の船の速さが2倍になったとき、下りの速さは時速何kmになるか。A～Iから1つ選びなさい。

A 時速170km　　B 時速175km　　C 時速180km　　D 時速185km
E 時速190km　　F 時速195km　　G 時速200km　　H 時速205km
I A～Hのいずれでもない

---

3 ある川に沿って、下流にP地点、上流にQ地点がある。P地点からQ地点まで、船で川を上って行くのに7時間、同じ船でQ地点からP地点まで川を下って行くのに2時間かかった。

問 エンジンが故障したため、流れに任せてこの川をQ地点からP地点まで下って行くとどれほどの時間がかかるか。A～Iから1つ選びなさい。

A 5時間　　　B 5時間12分　C 5時間24分　D 5時間36分
E 6時間　　　F 6時間36分　G 6時間48分　H 7時間
I A～Hのいずれでもない

非言語能力検査　流水算

▶練習問題解説

1 (問1)静水時の船の速さを時速 $x$km とおくと、$(x-5)\times 3 = 150$
∴ $x=55$km/時と決まる。
(問2)下りの速さは、静水時の船の速さ+川の流れの速さなので、
$55+5=60$km/時となる。したがって、
$60\times□=150$　∴ $x=\dfrac{150}{60}=\dfrac{5}{2}=2.5$ 時間なので
2時間30分と決まる。

解答　(問1)F (問2)C

2 静水時の船の速さを時速 $x$km、川の流れの速さを時速 $y$km とおくと、
$x-y=65$、$x+y=105$　これを連立して解くと、
$x=85$、$y=20$ となる。
(問1)川の流れの速さが4倍になると $20\times 4=80$km/時になるので、
上りの速さは、$85-80=5$km/時と決まる。
(問2)静水時の船の速さが2倍になると $85\times 2=170$km/時になるので、
下りの速さは、$170+20=190$km/時と決まる。

解答　(問1)A (問2)E

3 静水時の船の速さを時速 $x$km、川の流れの速さを時速 $y$km とおくと、
上った距離が $(x-y)\times 7$km、下った距離が $(x+y)\times 2$km となるので、
$(x-y)\times 7 = (x+y)\times 2$ が成り立つ。　これを整理すると、
$5x=9y$　∴ $x=1.8y$ となる。

$x=1.8y$ を $(x-y)\times 7$ に代入すると、PQ間の距離が $(1.8y-y)\times 7=$
$0.8y\times 7=5.6y$ となる（$(x+y)\times 2$ に代入しても同じ結果となる）。この距離を速さ y で下っていくので、
かかる時間は $y\times□=5.6y$　∴ $□=5.6$ 時間→5時間36分と決まる。

解答　D

覚えておこう

「旅人算」の重要事項で、「反対方向」は「速さの和」を使い、「同じ方向」は「速さの差」を使う、ということを説明した。「和」と「差」にはとても重要な意味があるので、矢印の向き（進行方向）だけを見て機械的に覚えるのでなく、なぜそうなるのかの意味を考えておかなければならない。

まれに、「流水算」の重要事項と混同して、「川を上るときは（矢印が反対方向なので）速さの和、川を下るときは（矢印が同じ方向なので）速さの差になるのではないか？」という質問を受けることがあるが、「上りは邪魔されるので差（引く）、下りは助けられるので和（足す）」と理解しておけば、間違えることはないだろう。

08 濃度の計算

難易度	★ ★ ★ ★ ★
ペーパーテスト頻出度	★ ★ ★
テストセンター頻出度	★ ★ ★

食塩を水に溶かして食塩水を作り、濃度を求める問題。水で薄めたり、煮詰めたり、食塩水同士を混ぜたり、などのパターンがある。

正解率 47%

例 題

8%の食塩水300gに、13%の食塩水を混ぜて、11%の食塩水を作りたい。

問1 8%の食塩水300gには何gの食塩が含まれているか。A〜Iから1つ選びなさい。

A 3g   B 8g   C 11g   D 12g   E 18g
F 22g   G 24g   H 30g   I A〜Hのいずれでもない

問2 13%の食塩水を何g加えればよいか。A〜Iから1つ選びなさい。

A 200g   B 250g   C 300g   D 350g   E 400g
F 450g   G 500g   H 550g   I A〜Hのいずれでもない

す ば や く 解 く コ ツ

★《濃度×食塩水＝食塩》という公式を利用して解くのが鉄則である。

★「食塩水」と「食塩」の欄は足し引きしてよいが、「濃度」はできない。

★「水で薄める」「水を蒸発させて煮詰める」「食塩を溶かす」ときは、
　水＝0%の食塩水、食塩＝100%の食塩水、と考える。

★《濃度×食塩水＝食塩》の表に書き込んで、どうしても埋まらないとき
　は文字 (x) を使って方程式を立てる。

▶例題解説

STEP-❶

まず、わかっている条件を≪濃度×食塩水＝食塩≫という公式にあてはめる。

濃度	×	食塩水	=	食塩
8%		300		
13%				
11%				

STEP-❷

(問1)8%の食塩水300gの中には、**8%×300g＝0.08×300g＝24g**の食塩が含まれていることがわかる。

STEP-❸

(問2)13%の食塩水をxgとおくと、その中には0.13xgの食塩が溶けている。さらに、「食塩水」「食塩」の欄を縦に足して表を完成させる。

濃度	×	食塩水	=	食塩
8%		300		24
13%		x		0.13x
11%		$300 + x$		$24 + 0.13x$

STEP-❹

表の一番下の段を使って方程式を立てて、解く。

$$0.11 \times (300 + x) = 24 + 0.13x$$
$$11(300 + x) = 2400 + 13x$$
$$3300 + 11x = 2400 + 13x$$
$$11x - 13x = 2400 - 3300$$
$$-2x = -900$$
$$\therefore \ x = 450\text{g}$$

したがって、450gと決まる。

STEP-❺

念のために表に数字を書き込んで確認する。

濃度	×	食塩水	=	食塩
8%		300		24
13%		450		0.13×450=58.5
11%		300 + 450 = 750		24 + 58.5 = 82.5 0.11 × 750 = 82.5

解答　(問1)G (問2)F

▶練習問題

1 5％の食塩水と12％の食塩水を大量に用意した。

問1 5％の食塩水から400gを取り出した。この中には何gの水が含まれているか。A〜Iから1つ選びなさい。

A 20g B 60g C 80g D 120g E 180g
F 320g G 380g H 400g I A〜Hのいずれでもない

問2 12％の食塩水300gを水で薄めて9％の食塩水にしたい。何gの水を加えればよいか。A〜Iから1つ選びなさい。

A 90g B 100g C 120g D 150g E 180g
F 200g G 210g H 240g I A〜Hのいずれでもない

問3 5％の食塩水400gを煮詰め、水を蒸発させて8％の食塩水にしたい。何gの水を蒸発させればよいか。A〜Iから1つ選びなさい。

A 100g B 120g C 150g D 200g E 240g
F 280g G 300g H 320g I A〜Hのいずれでもない

問4 5％の食塩水400gに食塩を溶かして24％の食塩水を作りたい。何gの食塩を溶かせばよいか。A〜Iから1つ選びなさい。

A 60g B 70g C 80g D 90g E 100g
F 110g G 120g H 150g I A〜Hのいずれでもない

2 7％と9％と11％の食塩水を、それぞれ5：4：3の比で用意した。

問 すべて混ぜ合わせると、何％の食塩水ができるか。A〜Iから1つ選びなさい。必要があれば小数第二位を四捨五入しなさい。

A 7.2％ B 7.5％ C 7.9％ D 8.3％ E 8.7％
F 9.3％ G 9.7％ H 10.2％ I A〜Hのいずれでもない

58

▶練習問題解説

1 **(問1)** 5%の食塩水400gには5%×400＝0.05×400＝20gの食塩が溶けているので、水は400－20＝380g含まれている。

濃度	×	食塩水	=	食塩
5%		400		0.05×400＝20

(問2) 12%の食塩水300gには36gの食塩が含まれている。水で薄めても食塩の量は変わらないので、9%の食塩水は400gできる。したがって、水は☆＝400－300＝100g加えたことがわかる。

12%	300	0.12×300＝36
水0%	☆	0
9%	36÷0.09＝400	36＋0＝36

(問3) 5%の食塩水400gには20gの食塩が含まれている。水を蒸発させても食塩の量は変わらないので、8%の食塩水は20÷0.08＝250gできる。したがって水は☆＝400－250＝150g蒸発させたことがわかる。

5%	400	0.05×400＝20
水0%	☆	0
8%	20÷0.08＝250	20－0＝20

(問4) 食塩をxgとおいて表を完成させ、最下段で方程式を立てる。

5%	400	0.05×400＝20
食塩100%	x	x
24%	$400＋x$	$20＋x$

$0.24(400＋x)＝20＋x$　これを解くと、$x＝100$g

解答 (問1)G (問2)B (問3)C (問4)E

2

濃度	×	食塩水	=	食塩
7(%)		5		7×5＝35
9(%)		4		9×4＝36
11(%)		3		11×3＝33
☆(%)		5＋4＋3＝12		35＋36＋33＝104

☆×12＝104　104÷12＝8.666…≒8.7%と決まる。比の数字のまま計算してよい。

解答 E

09 平均

難易度	★ ★ ★ ★ ★
ペーパーテスト頻出度	★ ★
テストセンター頻出度	★ ★

総和を個数で割って「平均」を求める問題。仕組みは簡単だが、正攻法で計算すると時間がかかるので、「仮の平均」を設定する。

正解率 61%

▶例題

P、Q、R、S、Tの5人の身長は次の通りである。

P	Q	R	S	T
168.5cm	170.5cm	169.5cm	2人の平均175.5cm	

問1

P、Q、Rの3人の平均身長は何cmか。A〜Iから1つ選びなさい。

A 169.0cm　　B 169.3cm　　C 169.5cm　　D 169.7cm　　E 170.0cm
F 170.3cm　　G 170.5cm　　H 171.0cm　　I A〜Hのいずれでもない

問2

P、Q、R、S、Tの5人全員の平均身長は何cmか。A〜Iから1つ選びなさい。

A 169.9cm　　B 171.0cm　　C 171.3cm　　D 171.5cm　　E 171.9cm
F 172.0cm　　G 172.3cm　　H 172.5cm　　I A〜Hのいずれでもない

す ば や く 解 く コ ツ

★「平均」を訓読みすると「たいらに、ならす」。つまり、凹凸を平らにすることである。

★数字が面倒なときは、切りのよい数字を「仮の平均」と考えて、「仮の平均」とのプラス、マイナスを比較すればよい。

★「以上」「以下」は境界を含むが、「越える」「未満」は境界を含まない。

▶ 例題解説

STEP-❶

(問1)平均の身長は、「身長の合計÷人数」で求めることができるので、(168.5＋170.5＋169.5)÷3の計算をすればよいのはすぐにわかる。

(168.5＋170.5＋169.5)÷3＝508.5÷3＝169.5

しかし、これは計算が面倒で実戦的ではない。そこで、たとえば170cmを「仮の平均」と考えて、「仮の平均」との差を比較する。

168.5＝170.0－1.5　→　「仮の平均」より1.5小さい
170.5＝170.0＋0.5　→　「仮の平均」より0.5大きい
169.5＝170.0－0.5　→　「仮の平均」より0.5小さい

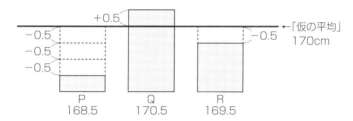

よって「仮の平均」と比較した凹凸の合計は、－1.5＋0.5－0.5＝－1.5cmとなる。これは3人分なので、1人分は－1.5÷3＝－0.5cmとなり、3人の平均は170－0.5＝169.5cmと決まる。

STEP-❷

(問2)ここでも170cmを「仮の平均」と考えて、「仮の平均」との差を比較する。P、Q、R3人の平均身長は(問1の結果から)169.5cmなので、1人あたり0.5cm低いので3人合わせて1.5cm小さくなる。

他方、S、T2人の平均身長は175.5cmなので、1人あたり5.5cm高いので2人合わせて11.0cm高い。過不足を調整すると、11.0－1.5＝9.5cmとなる。これが5人分なので、9.5÷5＝1.9cmとなり、5人の平均は170＋1.9＝171.9cmと決まる。

もちろん(169.5×3＋175.5×2)÷5＝(508.5＋351)÷5＝859.5÷5＝171.9cmと計算してもよい。

解答	(問1)C (問2)E

1 P、Q、R、S、Tの5人の平均体重は64.5kgである。

問1

Pの体重が65.7kgだとすると、残り4人の平均体重は何kgか。
A〜Iから1つ選びなさい。

A 63.0kg B 63.2kg C 63.4kg D 63.6kg E 63.8kg
F 64.0kg G 64.2kg H 64.4kg I A〜Hのいずれでもない

問2

PとQの平均体重が64.8kgだとすると、残り3人の平均体重は何
kgか。A〜Iから1つ選びなさい。

A 63.7kg B 63.8kg C 63.9kg D 64.0kg E 64.1kg
F 64.2kg G 64.3kg H 64.4kg I A〜Hのいずれでもない

問3

PとQとRの平均体重が61.9kgだとすると、残り2人の平均体重は
何kgか。A〜Iから1つ選びなさい。

A 67.7kg B 67.8kg C 67.9kg D 68.0kg E 68.1kg
F 68.2kg G 68.3kg H 68.4kg I A〜Hのいずれでもない

2 次の表は、10点満点の小テストの結果である。なお、得点は0点から10点までの整数でつけられている。

回	第1回	第2回	第3回	第4回	第5回	平均点
得点	3	1	2			

問1

第4回で少なくとも何点を得点すれば、第4回までの平均点が3点を
越えることができるか。A〜Iから1つ選びなさい。

A 3点 B 4点 C 5点 D 6点 E 7点
F 8点 G 9点 H 10点 I A〜Hのいずれでもない

問2

第5回までの平均点をちょうど5点にするためには、第4回と第5回
の平均点が何点になるように得点すればよいか。A〜Iから1つ選びな
さい。

A 6.5点 B 7.0点 C 7.5点 D 8.0点 E 8.5点
F 9.0点 G 9.5点 H 10.0点 I A〜Hのいずれでもない

▶練習問題解説

① (問1)5人の合計は64.5×5＝322.5kgなので、65.7kg以外の残り4人の合計は322.5－65.7＝256.8kgとなる。したがって、残り4人の平均は256.8÷4＝64.2kgと決まる。
65.7kgは5人の平均より65.7－64.5＝1.2kg重い。これを4人で均せばよいから、1.2÷4＝0.3より64.5－0.3＝64.2kgと決まる。

(問2)5人の合計は64.5×5＝322.5kgなので、平均64.8kgの2人以外の残りの3人の合計は、322.5－64.8×2＝192.9kgとなる。したがって、残り3人の平均は192.9÷3＝64.3kgと決まる。
64.8kgは5人の平均より64.8－64.5＝0.3kg重い。これが2人分なので0.3×2＝0.6kgである。これを3人で均せばよいから、0.6÷3＝0.2より64.5－0.2＝64.3kgと決まる。

(問3)5人の合計は64.5×5＝322.5kgなので、平均61.9kgの3人以外の残りの2人の合計は、322.5－61.9×3＝136.8kgとなる。したがって、残り2人の平均は136.8÷2＝68.4kgと決まる。
61.9kgは5人の平均より64.5－61.9＝2.6kg軽い。これが3人分なので2.6×3＝7.8kgである。これを2人で均せばよいから、7.8÷2＝3.9より64.5＋3.9＝68.4kgと決まる。

解答 (問1)G (問2)G (問3)H

② 数字が自然数でしかも小さいときは、「平均点で切る」方法ではなく、原則に戻って計算する。平均点は「合計点÷回数」で求めることができるので、≪平均点×回数＝合計点≫である。なお、「以上」「以下」は境界を含むが、「越える」「未満」は境界を含まない。

(問1)第1回〜第4回の平均点を3点ちょうどと考えると、第1回〜第4回の合計は3×4＝12点。第1回〜第3回の合計が3＋1＋2＝6点なので、第4回は12－6＝6点を取ればよい。「越えて」は境界を含まないので、第4回までの平均点が3点を越えるためには、**少なくとも7点を取る必要がある。**

(問2)第1回〜第5回の平均点を5点ちょうどにするためには、第1回〜第5回の合計が5×5＝25点、第1回〜第3回の合計が3＋1＋2＝6点なので、第4回と第5回の合計が25－6＝19点でなくてはならない。したがって、第4回と第5回の平均点は、19÷2＝9.5点と決まる。

解答 (問1)E (問2)G

10 順列・組み合わせ

難易度　　　★ ★ ★ ★ ★
ペーパーテスト頻出度 ★ ★ ★
テストセンター頻出度 ★ ★ ★

人やカードの並べ方が何通りあるかの「場合の数」を求める問題。順
列（P）と組み合わせ（C）の違いと、それぞれの計算式を理解しておく。

正解率
29%

例 題

男子３人、女子２人からなるダンス・ユニットがある。

問1

この５人全員が横一列に並ぶ場合の数は何通りか。A～Iから１つ選
びなさい。

A　1通り　　　B　5通り　　　C　10通り　　D　30通り　　E　50通り
F　60通り　　G　120通り　　H　240通り　　I　A～Hのいずれでもない

問2

この５人の中から３人を選ぶとき、少なくとも１人は女子が含まれる
場合の数は何通りか。A～Iから１つ選びなさい。

A　9通り　　　B　12通り　　C　18通り　　D　24通り　　E　36通り
F　48通り　　G　54通り　　H　60通り　　I　A～Hのいずれでもない

すばやく解くコツ

★ 順列と組合せの違いは、並べるか（順列）／並べないで選ぶだけか（組み合わ
せ）である。一列に並べるときは「順列」、順番を気にせず選ぶときは「組
み合わせ」になる。

★ たとえば、10人から３人を選ぶときの「順列」（10人の中から３人を選び、
横一列に並べる場合）は $_{10}P_3 = 10 \times 9 \times 8 = 720$ 通り、

「組み合わせ」(10人の中から３人を選ぶだけ)は $_{10}C_3 = \dfrac{10 \times 9 \times 8}{3 \times 2 \times 1} = 120$ 通り。

3人（A、B、C）を並べるとABC、ACB、BAC、BCA、CAB、CBAの6
通りあるが、選ぶだけなら（ABCの）１通りだけになるので、順列の720
通りが、組み合わせでは 720 ÷ 6 = 120通りとなるのである。

★ 「順列」で覚えておくと役に立つこと
たとえば、10人全員を横一列に並べる場合の数は、$_{10}P_{10} = 10 \times 9 \times 8$
$\times \cdots \times 2 \times 1$ となるが、これを「10！」と表記する（「10の階乗」と読む）。

▶ **例題解説**

STEP-❶

(問1)男女関係なく5人を横一列に並べるのだから、椅子を5つ並べて、そこに座らせていくと考える。どこから始めても同じだが、ここでは左の席から順に座らせていく。

5人が座ろうとするので、5通り	4人が座ろうとするので、4通り	3人が座ろうとするので、3通り	2人が座ろうとするので、2通り	1人が座るので、1通り

したがって、**5×4×3×2×1＝120通り**と決まる。

公式を使うと、5人から全員を選んで横一列に並ばせる「順列」なので、

$_5P_5 ＝ 5×4×3×2×1 ＝ 120$通りとなって、同じ結果になる。

STEP-❷

(問2)「少なくとも」と問われたら反対の場合(「**余事象**」という)を考える。「少なくとも1人は女子」の余事象は、「女子が含まれない」＝「3人とも男子」で、3人の男子から3人の男子を選ぶのは1通りしかない($_3C_3 ＝ 1$)。

男子(3人)	女子(2人)	
3人	0人	→「3人とも男子」
2人	1人	｝「少なくとも1人は女子」
1人	2人	

そもそも5人から3人を選ぶ場合の数は、

$_5C_3 ＝ \dfrac{5×4×3}{3×2×1} ＝ 10$通りある。このうち、

少なくとも1人は女子が含まれる場合の数は、全体(10通り)から3人とも男子になる場合の数(1通り)を引けばよい。したがって、**10－1＝9通り**と決まる。

解答 （問1）G （問2）A

覚えておこう

「少なくとも1人は女子」は、「男子2人、女子1人」と「男子1人、女子2人」の2つの場合があるので、それぞれを計算して足してもよい。
「男子2人、女子1人」は $_3C_2×_2C_1 ＝ 3×2 ＝ 6$通り
「男子1人、女子2人」は $_3C_1×_2C_2 ＝ 3×1 ＝ 3$通り
したがって、6＋3＝9通りとなって、同じ結果になる。

1 体育祭で応援団員を4人選出することになり、男子が5人、女子が3人立候補してきたので、この8人の中から選ぶことにした。

問1 応援団員の選び方は何通りあるか。A～Iから1つ選びなさい。

A 60通り　B 70通り　C 80通り　D 90通り　E 100通り
F 110通り　G 120通り　H 130通り　I A～Hのいずれでもない

問2 男子2人と女子2人が選ばれる場合の数は何通りか。A～Iから1つ選びなさい。

A 10通り　B 12通り　C 15通り　D 18通り　E 20通り
F 24通り　G 30通り　H 36通り　I A～Hのいずれでもない

問3 少なくとも1人は女子が選ばれる場合の数は何通りか。A～Iから1つ選びなさい。

A 60通り　B 63通り　C 65通り　D 70通り　E 72通り
F 75通り　G 80通り　H 81通り　I A～Hのいずれでもない

---

2 0、1、2、3、4の数字が1つずつ書かれたカードを大量に用意する。

問1 同じ数字のカードは1回しか使わないこととして、3桁の偶数を作ると何通りできるか。A～Iから1つ選びなさい。

A 12通り　B 15通り　C 18通り　D 24通り　E 30通り
F 36通り　G 48通り　H 60通り　I A～Hのいずれでもない

問2 同じ数字を何回も使ってよいとして、3桁の整数を作ると何通りできるか。A～Iから1つ選びなさい。

A 70通り　B 80通り　C 90通り　D 100通り　E 110通り
F 120通り　G 130通り　H 140通り　I A～Hのいずれでもない

▶ **練習問題解説**

1 (**問1**) 特に条件がなく、8人から4人を選ぶだけで一列に並べるわけではないので、「組み合わせ」となる。したがって、

$_8C_4 = \dfrac{8 \times 7 \times 6 \times 5}{4 \times 3 \times 2 \times 1} = 70$ 通りと決まる。

(**問2**) 男子5人から2人を選ぶ「組み合わせ」が $_5C_2 = \dfrac{5 \times 4}{2 \times 1} = 10$ 通り。

女子3人から2人を選ぶ「組み合わせ」が $_3C_2 = \dfrac{3 \times 2}{2 \times 1} = 3$ 通り。

男子の選び方1通りに対して女子の選び方が3通りあるので、かける必要がある。したがって、$10 \times 3 = 30$ 通りと決まる。

(**問3**)「少なくとも」という条件がついたら「余事象」を考える。「少なくとも1人は女子」の余事象は「女子がいない」=「すべて男子」であるから、すべて男子になる（5人から4人選ぶ）場合の数は

$_5C_4 = \dfrac{5 \times 4 \times 3 \times 2}{4 \times 3 \times 2 \times 1} = 5$ 通りとなる。問1の結果から、選び方は全体で70通りあるので、少なくとも1人は女子が選ばれる場合の数は $70 - 5 = 65$ 通りと決まる。

> **解答** (問1) B (問2) G (問3) C

2 (**問1**) 一の位の数字によって場合分けする。一の位が「0」の場合、百の位には4通り、十の位には3通り入るので、$4 \times 3 = 12$ 通り。一の位が「2」の場合、百の位には「0」と「2」が使えないので3通り、十の位は「2」と百の位で使った数字が除外されるので3通り入ることになるので、$3 \times 3 = 9$ 通り。一の位が「4」の場合は「2」の場合と同様で9通り。以上より、$12 + 9 + 9 = 30$ 通りと決まる。

百	十	一
1 2 3 4 0以外どれでも使えるので 4通り	1 2 3 4 ? ? ? 百の位で使ったものは使えないので 3通り	0 1通り
1 3 4 0と2以外が使えるので3通り	1 3 4 0 ? ? 百の位で使ったものは使えないが、0が使えるので3通り	2 1通り
同様に3通り	同様に3通り	4 1通り

(**問2**) 百の位には「0」が使えないので4通り、十の位は5通り、一の位も5通りなので、$4 \times 5 \times 5 = 100$ 通りと決まる。

> **解答** (問1) E (問2) D

11 確率

箱の中から色のついた玉を出したり、サイコロを振って目を数えたりする問題。同色か異色か、箱に戻すか否かに細心の注意を。

正解率 **31**%

例 題

中が見えない箱に、白玉が5個、赤玉が3個入っている。

問1　箱の中から2個の玉を1個ずつ取り出すとき、1個目が白玉で2個目に赤玉が出る確率はどれか。A〜Iから1つ選びなさい。なお、一度取り出した玉は箱に戻さないものとする。

A $\dfrac{15}{56}$　　B $\dfrac{5}{14}$　　C $\dfrac{13}{28}$　　D $\dfrac{15}{28}$　　E $\dfrac{11}{14}$

F $\dfrac{15}{64}$　　G $\dfrac{25}{64}$　　H $\dfrac{15}{32}$　　I A〜Hのいずれでもない

問2　箱の中から2個の玉を同時に取り出すとき、2個とも同色になる確率はどれか。A〜Iから1つ選びなさい。

A $\dfrac{15}{56}$　　B $\dfrac{5}{14}$　　C $\dfrac{13}{28}$　　D $\dfrac{15}{28}$　　E $\dfrac{11}{14}$

F $\dfrac{15}{64}$　　G $\dfrac{25}{64}$　　H $\dfrac{15}{32}$　　I A〜Hのいずれでもない

す ば や く 解 く コ ツ

★「1個ずつ取り出す」ときは、それぞれの確率を求めて、掛け合わせる。
「取り出した玉を元に戻さない」場合は、分母が1ずつ減っていく。
「取り出した玉を元に戻す」場合、分母は変化しない（原状回復される）。

★「同時に取り出す」ときは、「C」（組み合わせ）の公式（P.64）を使う。
ただし、取り出す玉の色が「同色」の場合に限り、「1個ずつ取り出す」ときと同じように考えてよい（「異色」の場合は使えないので注意）。

例題解説

STEP-❶
(問1) 1個ずつ取り出す場合なので、それぞれの確率を求める。当初、箱の中には8個の玉が入っていて、白玉はそのうち5個なので、

箱から1個取り出したとき、それが白玉である確率は $\frac{5}{8}$ である。

次に、一度取り出した玉は元に戻さないので、箱の中には7個の玉が入っていて、赤玉はそのうち3個なので、

箱から1個取り出したとき、それが赤玉である確率は $\frac{3}{7}$ である。

STEP-❷
「玉を取り出す」という作業は<u>続けて行われる</u>（1回目の結果が起こった状況下でさらに2回目が起こる）ことなので、確率を掛け合わせることになる。したがって、

1個目が白玉で2個目に赤玉が出る確率は、$\frac{5}{8} \times \frac{3}{7} = \frac{15}{56}$ と決まる。

STEP-❸
(問2) 同時に取り出す場合なので、「C」の公式を使う。
「2個とも同色」には「2個とも白玉」と「2個とも赤玉」の場合がある。
「2個とも白玉」が出る確率は、8個から2個を取り出す場合の数のうち、

白玉5個から2個を取り出す場合の数なので、$\frac{_5C_2}{_8C_2} = \frac{\frac{5 \times 4}{2 \times 1}}{\frac{8 \times 7}{2 \times 1}} = \frac{5 \times 4}{8 \times 7}$ となる（これ以上計算しないでおく）。

「2個とも赤玉」が出る確率は、8個から2個を取り出す場合の数のうち、

赤玉3個から2個を取り出す場合の数なので、$\frac{_3C_2}{_8C_2} = \frac{\frac{3 \times 2}{2 \times 1}}{\frac{8 \times 7}{2 \times 1}} = \frac{3 \times 2}{8 \times 7}$ となる（ここもこれ以上計算しないでおく）。

STEP-❹
<u>同時に行われない</u>作業の確率は足せばよいので、

$\frac{5 \times 4}{8 \times 7} + \frac{3 \times 2}{8 \times 7} = \frac{20+6}{56} = \frac{26}{56} = \frac{13}{28}$ と決まる。

解答　(問1) A (問2) C

1 中が見えない箱に、白玉が5個、赤玉が3個入っている。

問1 箱の中から2個の玉を同時に取り出すとき、1個は白玉でもう1個は赤玉になる確率はどれか。A～Iから1つ選びなさい。

A $\frac{15}{56}$ B $\frac{5}{14}$ C $\frac{13}{28}$ D $\frac{15}{28}$ E $\frac{9}{14}$

F $\frac{15}{64}$ G $\frac{25}{64}$ H $\frac{15}{32}$ I A～Hのいずれでもない

問2 箱の中から2個の玉を同時に取り出すとき、少なくとも1個は赤玉になる確率はどれか。A～Iから1つ選びなさい。

A $\frac{15}{56}$ B $\frac{5}{14}$ C $\frac{13}{28}$ D $\frac{15}{28}$ E $\frac{9}{14}$

F $\frac{15}{64}$ G $\frac{25}{64}$ H $\frac{5}{32}$ I A～Hのいずれでもない

2 サイコロを3回投げて、出た目を記録しておく。

問1 3回の目の数の和が5以下になる確率はどれか。A～Iから1つ選びなさい。

A $\frac{1}{24}$ B $\frac{5}{108}$ C $\frac{1}{20}$ D $\frac{1}{18}$ E $\frac{5}{72}$

F $\frac{1}{54}$ G $\frac{1}{9}$ H $\frac{5}{18}$ I A～Hのいずれでもない

問2 3回の目の数の積が偶数になる確率はどれか。A～Iから1つ選びなさい。

A $\frac{1}{3}$ B $\frac{2}{3}$ C $\frac{1}{6}$ D $\frac{5}{6}$ E $\frac{1}{8}$

F $\frac{3}{8}$ G $\frac{5}{8}$ H $\frac{7}{8}$ I A～Hのいずれでもない

▶練習問題解説

1 (問1)まず、すべての場合の数は、8個から2個を取り出す組み合わせなので、

$$_8C_2 = \frac{8 \times 7}{2 \times 1} = 28\text{通り}。$$

次に、1個は白玉でもう1個は赤玉になる確率は、同時に取り出す場合の数なので、組み合わせの公式を使うと $_5C_1 \times _3C_1 = 5 \times 3 = 15$ 通り。

したがって確率は $\frac{15}{28}$ と決まる。

(問2)「少なくとも1個は赤玉になる」には「2個とも赤玉」と「1個だけ赤玉」の場合があるが、この確率を逐一求めて足すよりも、「余事象」である「2個とも白玉」の確率を求めて、1から引いた方が早い。

まず、すべての場合の数は(問1と同様に)28通り。

次に、2個とも白玉の場合の数は $_5C_2 = \frac{5 \times 4}{2 \times 1} = 10$ 通り。

したがって、「2個とも白玉」の確率は $\frac{_5C_2}{_8C_2} = \frac{10}{28} = \frac{5}{14}$ となるので、

「少なくとも1個は赤玉」の確率は $1 - \frac{5}{14} = \frac{14-5}{14} = \frac{9}{14}$ と決まる。

> **解答**　(問1) D　(問2) E

2 (問1)和が5以下になるのは、1+1+1＝3(1通り)、2+1+1＝4(他に1+2+1、1+1+2の合わせて3通り)、3+1+1＝5(他に1+3+1、1+1+3の合わせて3通り)、2+2+1＝5(他に2+1+2、1+2+2の合わせて3通り)の合計10通りである。
サイコロを3回投げると全部で6×6×6＝216通りあるので、

$$\frac{10}{216} = \frac{5}{108}\text{と決まる}。$$

(問2)3つの数の積が偶数になるには、「**偶数×偶数×偶数**」「**偶数×偶数×奇数**」「**偶数×奇数×奇数**」のように少なくとも1つは偶数が含まれていなければならない。
よって「余事象」を考えた方が早い。「積が偶数」の余事象は「積が奇数」である。積が奇数になるためには、3回とも奇数が出なくてはならない。

サイコロを1回振って奇数が出る確率は $\frac{3}{6} = \frac{1}{2}$ なので、

3回振って3回とも奇数が出る確率は $\frac{1}{2} \times \frac{1}{2} \times \frac{1}{2} = \frac{1}{8}$ となる。

したがって「積が偶数になる確率」は、$1 - \frac{1}{8} = \frac{7}{8}$ と決まる。

> **解答**　(問1) B　(問2) H

12 対偶と三段論法

難易度	★ ★ ★ ★ ★
ペーパーテスト頻出度	★ ★
テストセンター頻出度	★ ★

筋道立てた考え方(「推論」)ができるかどうかを問う問題。先入観を排し、計算問題のように論理を組み立てていく必要がある。

正解率 56%

例題

次の3つの文章の内容が正しいとする。
「睡眠が充分足りている学生は、講義を集中して聴く」
「前の晩早寝をした学生は、睡眠が充分足りている」
「学習意欲の高い学生は、講義を集中して聴く」

問

以下のア～エの文章の中で内容が正しいものはどれか。A～Iから1つ選びなさい。

ア:睡眠が足りていない学生は、講義を集中して聴けない
イ:睡眠が充分足りている学生は、前の晩早寝をした
ウ:前の晩早寝をした学生は、講義を集中して聴く
エ:睡眠が足りている学生は、学習意欲が高い

A アのみ　　B イのみ　　C ウのみ　　D アとイ　　E イとウ
F ウとエ　　G アとイとウ　H アとイとエ　I なし

すばやく解くコツ

★まず、文字を使って「論理式」の形にする。否定は文字の上に線を引く。
「AであるならばBである」は「A→B」
「BであるならばCでない」は「B→$\overline{C}$」
「DでないならばCである」は「$\overline{D}$→C」

★次に、「対偶」を作る。「対偶」とは、論理式の「→」の前後を否定して入れ替えた文章である。なお、二重否定は元に戻る(たとえば、$\overline{\overline{A}}$ = A)。
「A→B」の対偶は「$\overline{B}$→$\overline{A}$」
「B→$\overline{C}$」の対偶は「$\overline{\overline{C}}$→$\overline{B}$」なので、「C→$\overline{B}$」
「$\overline{D}$→C」の対偶は「$\overline{C}$→$\overline{\overline{D}}$」なので、「$\overline{C}$→D」

★最後に、文章を尻取りの要領でつなぎ(「三段論法」)、推論を積み重ねる。
「A→B」「B→$\overline{C}$」「$\overline{C}$→D」より「A→B→$\overline{C}$→D」、
「$\overline{D}$→C」「C→$\overline{B}$」「$\overline{B}$→$\overline{A}$」より「$\overline{D}$→C→$\overline{B}$→$\overline{A}$」が成り立つ。

例題解説

STEP-❶

命題を記号化し、論理式の形にする。

「睡眠が充分足りている学生は、講義を集中して聴く」は、①「睡眠→集中」

「前の晩早寝をした学生は、睡眠が充分足りている」は、②「早寝→睡眠」

「学習意欲の高い学生は、講義を集中して聴く」は、③「意欲→集中」

STEP-❷

それぞれの「対偶」となる命題を作る。

① 「睡眠→集中」の対偶は、④「集中→睡眠」

② 「早寝→睡眠」の対偶は、⑤「睡眠→早寝」

③ 「意欲→集中」の対偶は、⑥「集中→意欲」

STEP-❸

尻取りの要領で、命題をつなげていく。①～③を尻取りすると、

④～⑥を尻取りすると、

STEP-❹

「三段論法」を使って命題の真偽(文章の内容が正しいかどうか)を吟味する。

ア 「睡眠が足りていない学生は、講義を集中して聴けない」(「睡眠→集中」)
　 は、正しくない。④「集中→睡眠」とは前後が逆になっている。

イ 「睡眠が充分足りている学生は、前の晩早寝をした」(「睡眠→早寝」)は、
　 正しくない。②「早寝→睡眠」とは前後が逆になっている。

ウ 「前の晩早寝をした学生は、講義を集中して聴く」(「早寝→集中」)は、②
　 早寝→睡眠、①睡眠→集中、から「早寝→睡眠→集中」が成り立ち、三
　 段論法から「早寝→集中」がいえるので、正しい内容になる。

エ 「睡眠が足りている学生は、学習意欲が高い」(「睡眠→意欲」)は、正しく
　 ない。「睡眠」と「意欲」はまったくつながらないからである。

解答　C

元の命題「A→B」が正しいとき、対偶「B̄→Ā」も正しくなる。しかし、前後を入
れ替えた逆「B→A」、否定だけした裏「Ā→B̄」は、必ずしも正しいとは限らない。

1 次のことわざの内容が正しいとする。「良薬は口に苦し」

問 以下のア～エのうち内容が正しいものを組み合わせたものはどれか。
A～Iから1つ選びなさい。

ア：良くない薬は苦くない　　　イ：苦い薬は良薬である
ウ：良薬には苦くないものもある　エ：苦くない薬は良薬ではない

A アのみ　　B イのみ　　C ウのみ　　D エのみ　　E アとイのみ
F アとウ　　G アとエ　　H イとウ　　I A～Hのいずれでもない

2 次の3つの命題の内容が正しいとする。

「雨が降る日は洗濯しない」「雨が降らない日は外出する」
「外出する日はマスクをする」

問 以下のア～エのうち内容が正しくなる命題を組み合わせたものはどれ
か。A～Iから1つ選びなさい。

ア：雨が降らない日は洗濯する
イ：雨が降る日は外出しない
ウ：マスクをする日は外出する
エ：洗濯する日は外出する

A アのみ　　B イのみ　　C エのみ　　D アとイ　　E ウとエ
F アとイとウ　G アとイとエ H イとウとエ　I A～Hのいずれでもない

3 次の3つの命題の内容が「真」であるとする。

「おしゃれな人はよく洋服を買う」「倹約家はあまり洋服を買わない」
「よく洋服を買う人はトレンドを気にする」

問 以下のア～エのうち内容が「真」となる命題を組み合わせたものはど
れか。A～Iから1つ選びなさい。

ア：おしゃれな人はトレンドを気にする
イ：トレンドを気にしない人はよく洋服を買う
ウ：倹約家はおしゃれではない
エ：倹約家はトレンドを気にする

A アとイ　　B アとウ　　C アとエ　　D イとウ　　E イとエ
F アとイとウ　G アとイとエ H イとウとエ　I A～Hのいずれでもない

▶練習問題解説

1　「良薬は口に苦し」を論理式で表すと、「良薬→苦」。
もとの命題と真偽が一致するのは対偶となる命題なので、「良薬→苦」の対偶を作ると「苦→良薬」となる。これは「エ：苦くない薬は良薬ではない」である。ちなみに、アは「裏」、イは「逆」、ウは「命題の否定」である。

解答　D

2　命題を記号化して対偶を作っておく。
①「雨降る→洗濯しない」の対偶は②「洗濯→雨降らない」
③「雨降らない→外出」の対偶は④「外出しない→雨降る」
⑤「外出→マスク」の対偶は⑥「マスクしない→外出しない」となる。

つなげると、
②③⑤より **「洗濯→雨降らない→外出→マスク」**
⑥④①より **「マスクしない→外出しない→雨降る→洗濯しない」** となる。

ア「雨降らない→洗濯」は①の裏（＝②の逆）なので「真」とはいえない。
イ「雨降る→外出しない」は③の裏（＝④の逆）なので「真」とはいえない。
ウ「マスク→外出」は⑤の逆（＝⑥の裏）なので「真」とはいえない。
エ「洗濯→外出」は「洗濯→雨降らない→外出→マスク」から三段論法より「真」となる。

解答　C

3　命題を記号化して対偶を作っておく。
「おしゃれ→洋服」の対偶は「洋服でない→おしゃれでない」
「倹約→洋服でない」の対偶は「洋服→倹約でない」
「洋服→トレンド」の対偶は「トレンドでない→洋服でない」となる。
つなげてみると次のようになる。

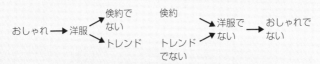

ア「おしゃれ→トレンド」は、三段論法より、「真」と決まる。
イ「トレンドでない→洋服」は成り立たない（正しい内容とはいえない）。
ウ「倹約→おしゃれでない」は、三段論法より、「真」と決まる。
エ「倹約→トレンド」は成り立たない（正しい内容とはいえない）。

解答　B

13 推論 (包含関係)

難易度　★ ★ ★ ★ ★
ペーパーテスト頻出度　★ ★
テストセンター頻出度　★

論理的な思考ができるかどうかを問う問題。「猫ならば動物」は正しいが、「動物ならば猫」は正しいとはいえない。

正解率 35%

▶ 例 題

P、Q、Rの3人の子供を動物園に連れて行った。その夜、3人は自分の記憶を元に動物園にいた動物について次のような発言をした。なお、発言の真偽はわからない。

　　P「白い鳥がいたね」
　　Q「鳥がいたよ」
　　R「白鳥がいた」

問1

次のア～ウの中で、正しい文章のみを組み合わせたものはどれか。
A～Iから1つ選びなさい。
ア：Pが正しければ、Qは正しい
イ：Qが正しければ、Rは正しい
ウ：Rが正しければ、Pは正しい

A アのみ　　B イのみ　　C ウのみ　　D アとイ　　E イとウ
F アとウ　　G アとイとウ　　H 正しい文章はない　　I 決まらない

問2

次のカ～クの中で、正しい文章のみを組み合わせたものはどれか。
A～Iから1つ選びなさい。
カ：Pが正しくなければ、Rは正しくない
キ：Qが正しくなければ、Pは正しくない
ク：Rが正しくなければ、Qは正しくない

A カのみ　　B キのみ　　C クのみ　　D カとキ　　E キとク
F カとク　　G カとキとク　　H 正しい文章はない　　I 決まらない

★包含関係を「ベン図」で描いてみるとわかりやすい。

> **例題解説**

STEP-❶

P「白い鳥」では鳥の種類がわからない（白鳥かもしれないが、ペリカンかもしれない）。

Q「鳥」では色も種類もわからない（白鳥かもしれないが、ペリカンかもしれないし、フラミンゴかもしれない）。

R「白鳥」は、色も鳥の種類も特定できる。

以上より、R「白鳥」→P「白い鳥」→Q「鳥」という推論が成り立つ。

三段論法より、R「白鳥」→Q「鳥」も成り立っている。

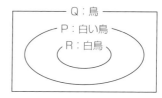

STEP-❷

(問1)文章の内容を吟味する。

ア：P「白い鳥」→Q「鳥」は正しい文章である。

イ：Q「鳥」→R「白鳥」は正しい文章とはいえない。

ウ：R「白鳥」→P「白い鳥」は正しい文章である。

したがって、正しい文章は、アとウと決まる。

STEP-❸

(問2)対偶を作ってから、内容を吟味する。

カ：$\overline{P}→\overline{R}$　の対偶は、R→P。R「白鳥」→P「白い鳥」は正しい文章である。

キ：$\overline{Q}→\overline{P}$　の対偶は、P→Q。P「白い鳥」→Q「鳥」は正しい文章である。

ク：$\overline{R}→\overline{Q}$　の対偶は、Q→R。Q「鳥」→R「白鳥」は正しい文章とはいえない。

したがって、正しい文章は、カとキと決まる。

解答　(問1)F (問2)D

論理的な思考力を測るこの問題では、「白い鳥」や「白鳥」が実際にいるかいないかは関係なく、**3人の発言をもとに正しい推理ができるかどうか**が問われている。このため問題文の末尾に「発言の真偽はわからない」という一文を入れ、3人の発言が事実かどうかは気にせず推論せよ、と注意しているのだ。

1 P、Q、Rの3人の学生が、いっしょに行った海外旅行の思い出を語っている。それぞれ渡航先について次のような発言をした。なお、本当に行ったかどうかはわからない。

> P「ロンドンに行ったよ」
> Q「イギリスに行ったんだよ」
> R「ヨーロッパに行った」

問 次のア～ウの中で、正しい文章のみを組み合わせたものはどれか。
A～Iから1つ選びなさい。

> ア：Pが正しければ、Rは正しい
> イ：Qが正しければ、Rは正しい
> ウ：Pが正しくなければ、Qは正しくない

A アのみ   B イのみ   C ウのみ   D アとイ
E イとウ   F アとウ   G アとイとウ   H 正しい文章はない
I 決まらない

2 薔薇園を訪れたP、Q、Rの3人が、その夜、記憶を頼りにどんな色の薔薇があったかを話し合った。なお、本当にその色の薔薇が咲いていたかはわからない。

> P「赤い薔薇が咲いていた」
> Q「2色の薔薇が咲いていた」
> R「赤と白の薔薇が咲いていた」

問 次のア～ウの中で、正しい文章のみを組み合わせたものはどれか。
A～Iから1つ選びなさい。

> ア：Pが正しくなければ、Rは正しくない
> イ：Qが正しければ、Pは正しい
> ウ：Rが正しければ、Qは正しい

A アのみ   B イのみ   C ウのみ   D アとイ
E イとウ   F アとウ   G アとイとウ   H 正しい文章はない
I 決まらない

▶練習問題解説

1 P「ロンドン」に行ったのであれば「イギリス」にも「ヨーロッパ」にも行ったことがわかる。

Q「イギリス」に行ったのであれば「ヨーロッパ」に行ったことはわかるが、「ロンドン」に行ったかどうかはわからない。

R「ヨーロッパ」だけでは、ヨーロッパのどの国・どの都市に行ったかわからない。

以上より、P「ロンドン」→Q「イギリス」→R「ヨーロッパ」という推論が成り立つ。三段論法が成り立つので、P「ロンドン」→R「ヨーロッパ」も成り立っている。

ア：P「ロンドン」→R「ヨーロッパ」は正しい文章である。

イ：Q「イギリス」→R「ヨーロッパ」は正しい文章である。

ウ：$\overline{P}$→$\overline{Q}$の対偶は、Q→Pなので、$\overline{P}$→$\overline{Q}$とQ→Pは真偽が一致する。Q→Pの真偽を吟味すると、Q「イギリス」→P「ロンドン」は正しい文章とはいえないので、$\overline{P}$→$\overline{Q}$も正しい文章とはいえない。

解答	D

2 P「赤い薔薇が咲いていた」では、赤い薔薇だけなのか、ほかの色もあったのかわからない。

Q「2色の薔薇が咲いていた」では、具体的な色がわからない（赤と白かもしれないが、ピンクと黄色かもしれない）。

R「赤と白の薔薇が咲いていた」であれば「赤い薔薇が咲いていた」ことがいえるし「2色の薔薇が咲いていた」こともいえる。

ア：$\overline{P}$→$\overline{R}$の対偶はR→Pなので、$\overline{P}$→$\overline{R}$とR→Pの真偽が一致する。R→Pの真偽を吟味すると、R「赤と白」→P「赤」は正しい文章なので、$\overline{P}$→$\overline{R}$も正しい文章である。

イ：Q「2色」→P「赤」は正しい文章とはいえない。

ウ：R「赤と白」→Q「2色」は正しい文章である。

解答	F

14 推論（対応関係）

難易度 ★ ★ ★ ★ ★
ペーパーテスト頻出度 ★ ★ ★
テストセンター頻出度 ★ ★ ★

2つの項目の対応を決定させる問題。すばやく「対応表」を作成しないと混乱すること必至。表のすべての欄が埋まるとは限らない。

正解率 **22**%

例 題

P、Q、R、Sの4人に、4人のアイドル（a〜d）のうち好きな2人を教えてもらったところ、次のような結果になった。
　　i：Pはaが、Qはbが、Rはcが、Sはdが好きと言った
　　ii：Pが好きな2人とSが好きな2人は、1人も重ならなかった
　　iii：どのアイドルも、4人のうち2人から好きと言われた

問1

次のア〜ウの中で、正しい記述を組み合わせたものはどれか。A〜Iから1つ選びなさい。
　　ア：Pはbを好きと言った
　　イ：Qはcを好きではないと言った
　　ウ：Rはdを好きと言った

A　アのみ　　B　イのみ　　　C　ウのみ　　　　　　D　アとイ　　E　イとウ
F　アとウ　　G　アとイとウ　　H　正しい記述はない　　I　決まらない

問2

次のカ〜クの中で、必ずしも誤りとはいえない記述を組み合わせたものはどれか。A〜Iの中から1つ選びなさい。
　　カ：Qはdを好きと言った
　　キ：Rはaを好きではないと言った
　　ク：Sはbを好きと言った

A　カのみ　　　　B　キのみ　　　C　クのみ　　　　D　カとキ
E　キとク　　　　F　カとク　　　G　カとキとク
H　必ずしも誤りとはいえない記述はない　　　　I　決まらない

す ば や く 解 く コ ツ

★頭の中で考えていても混乱するばかりなので、さっさと「対応表」を作って条件を書き入れる。「対応表」とは、2項目を縦横に書き入れて○×を記入していく表のことである。

★欄外には○の個数を書いて、いつも縦・横の○×の個数に気を配る。

▶ 例題解説

STEP-❶

左端に縦にP〜S、上端に横にa〜dを並べた「対応表」を書く（表Ⅰ）。
好きを○、好きでないを×とすると、条件からすぐに合計欄の数字と表中
の○×の一部が記入できる（表Ⅱ）。

表Ⅰ	a	b	c	d	合計
P					
Q					
R					
S					
合計					

表Ⅱ	a	b	c	d	合計
P	○			×	2
Q		○			2
R			○		2
S	×			○	2
合計	2	2	2	2	8

STEP-❷

Q以外に「bを好き」と言った人を確定しようとすると、条件ⅱより、PとS
は一方が○他方が×の関係なので、PSの○×は決まらないものの、縦に
見たときに○がPSのいずれかに1個、Qに1個あるのでRには○をつける
ことはできず、Rに×がつくことになる。こうしないと、縦の数が合わなくな
るからである（表Ⅲ）。同様のことがcにもいえるため、Qに×がつく（表Ⅳ）。

表Ⅲ	a	b	c	d	合計
P	○	○:×		×	2
Q		○			2
R		×	○		2
S	×	×:○		○	2
合計	2	2	2	2	8

表Ⅳ	a	b	c	d	合計
P	○		○:×	×	2
Q			×		2
R			○		2
S	×		×:○	○	2
合計	2	2	2	2	8

STEP-❸

以上をまとめると次の通り。なお表中
の色つき部分は確定しない。

	a	b	c	d	合計
P	○			×	2
Q		○	×		2
R		×	○		2
S	×			○	2
合計	2	2	2	2	8

STEP-❹

選択肢を吟味すると次の通りに決まる。
問1は、　ア：確定しない　イ：正しい　ウ：確定しない
問2は、　カ：確定しない　キ：確定しない　ク：確定しない

> 解答　（問1）B（問2）G

1 P、Q、R、Sの4人の生徒に、4科目（英語、数学、理科、社会）のうち好きな2科目を教えてもらったところ、次のような結果になった。

　ⅰ：Pは英語が、Qは数学が、Rは理科が、Sは社会が好きではないと言った。

　ⅱ：Qが好きな2科目とSが好きな2科目は、1科目も重ならなかった。

　ⅲ：どの科目も、4人のうち2人が好きと言った。

問 次のア～ウの中で、正しい記述を組み合わせたものはどれか。**A～I**から1つ選びなさい。

　ア：Pは理科が好きと言った

　イ：Qは社会が好きではないと言った

　ウ：Rは英語が好きと言った

A アのみ　　**B** イのみ　　　**C** ウのみ　　**D** アとイ　　**E** イとウ
F アとウ　　**G** アとイとウ　　**H** 正しい記述はない　　　**I** 決まらない

---

2 4組の男女のカップルPとp、Qとq、Rとr、Sとsを解体して、いつもと異なる相手と新たな男女4組のカップルを作った。大文字は男性、小文字は女性を表す。

　ⅰ：Pq、Qpのように、パートナー同士を入れ替えたカップルはいなかった。

　ⅱ：PとQはrかsと、Rはpかqとカップルになった。

　ⅲ：Sはqとはカップルにならなかった。

問 次のア～ウの中で、誤りの記述を組み合わせたものはどれか。**A～I**から1つ選びなさい。

　ア：Pはsとカップルになった

　イ：Qはrとカップルになった

　ウ：Rはqとカップルになった

A アのみ　　**B** イのみ　　　**C** ウのみ　　**D** アとイ　　**E** イとウ
F アとウ　　**G** アとイとウ　　**H** 誤りの記述はない　　　**I** 決まらない

▶練習問題解説

1 左端に縦にP〜S、上端に横に科目名を並べた「対応表」を書く（表Ⅰ）。好きを○、好きでないを×とすると、条件ⅰ、ⅱからすぐに合計欄の数字と表中の○×が記入できる（表Ⅱ）。

表Ⅰ	英語	数学	理科	社会	合計
P					
Q					
R					
S					
合計					

表Ⅱ	英語	数学	理科	社会	合計
P	×				2
Q		×		○	2
R			×		2
S		○		×	2
合計	2	2	2	2	8

「英語」の欄を縦に見ると、条件ⅱより、QとSは一方が○で他方が×の関係なので、QSの○×は決まらないものの、すでにPは×なので、Rに○がつくことになる（表Ⅲ）。こうしないと、縦の○×の数が合わなくなるからである。同様のことが「理科」にもいえて、Pに○がつく（表Ⅳ）。

表Ⅲ	英語	数学	理科	社会	合計
P	×				2
Q	○⋮×	×		○	2
R	○		×		2
S	×⋮○	○		×	2
合計	2	2	2	2	8

表Ⅳ	英語	数学	理科	社会	合計
P	×		○		2
Q		×	○⋮×	○	2
R	○		×		2
S		○	×⋮○	×	2
合計	2	2	2	2	8

解答　F

2 左端にP〜S、上にp〜sを並べた「対応表」を書いてしまう。新しいカップルを○とすると、条件から、表中の○×が記入できる。

カップルを解体するので、条件ⅱ・ⅲより、

	p	q	r	s
P				
Q				
R				
S				

	p	q	r	s
P	×			
Q		×		
R			×	
S				×

	p	q	r	s
P	×	×		
Q	×	×		
R			×	×
S			×	×

qを縦に見ると、Rしか空いていないのでRqが○となる（Ⅰ）。順次、Rpが×、Spが○、Srが×、となる（Ⅱ）。最後に条件ⅰ（パートナー同士を変えたカップルはいなかった）より、Sp○ならばPsが×、Rq○ならばQrが×となって、Pr○、Qs○が決まり、すべて○×が決まる。

Ⅰ	p	q	r	s
P	×	×		
Q	×	×		
R		○	×	×
S		×		×

Ⅱ	p	q	r	s
P	×	×		
Q	×	×		
R	×	○	×	×
S	○	×	×	×

Ⅲ	p	q	r	s
P	×	×	○	×
Q	×	×	×	○
R	×	○	×	×
S	○	×	×	×

解答　D

15 推論（順序関係）

難易度	★ ★ ★ ★ ★
ペーパーテスト頻出度	★ ★ ★
テストセンター頻出度	★ ★ ★

与えられた条件から順序を決める問題。1通りには決まらない場合がほとんどなので、くれぐれも勝手に決めつけないこと。

正解率 32%

例題

P、Q、R、S、Tの5人がある検定試験を受けに行った。解答し終わった者から帰ってよいということだったので、Qは終了時刻まで解答していたが、ほかの4人は終了時刻より前に別々に帰宅した。この4人が帰宅した順序について次のことがわかっている。

ⅰ：SとTの間に1人が帰っていった。

ⅱ：TはRより先に帰った。

問1

次のア～ウの中で、必ずしも誤りとはいえない記述を組み合わせたものはどれか。A～Ⅰから1つ選びなさい。

ア：Rは3番目に帰った

イ：Sは2番目に帰った

ウ：Tは1番目に帰った

A アのみ	B イのみ	C ウのみ	D アとイ
E イとウ	F アとウ	G アとイとウ	
H 必ずしも誤りとはいえない記述はない			Ⅰ 決まらない

問2

次のカ～クのどれか1つのみを条件として加味すると、5人の帰宅順序が1通りに確定するが、それはどれか。A～Ⅰから1つ選びなさい。

カ：Pが1番目に帰った

キ：Rが2番目に帰った

ク：Sが3番目に帰った

A カのみ	B キのみ	C クのみ	D カとキ	E キとク
F カとク	G カとキとク	H 題意を満たす条件はない		
Ⅰ 決まらない				

す ば や く 解 く コ ツ

★人数が決まっているときは、先に枠を作ってしまって、書き込んでいく。

★「AとBの間に1人いる」では、AがBよりも先とは限らない。
「Aの前にB」では、直前なのか、離れているのかわからない。

▶ **例題解説**

STEP-❶
登場人物が5人なので、まず1番目〜5番目の枠を作り、前提条件の「Qが5番目」を書き込む。

1番目	2番目	3番目	4番目	5番目
				Q

STEP-❷
条件 i は「S□T」か「T□S」なので、書き込んで場合分けする。

1番目	2番目	3番目	4番目	5番目
S		T		Q
	S		T	Q
T		S		Q
	T		S	Q

STEP-❸
条件 ii を書き込む。上から2番目の横列はRが入らず不適。3番目はRが2箇所に入る可能性がある。

1番目	2番目	3番目	4番目	5番目
S		T	R	Q
~~	~~S~~	~~~~	~~T~~	~~Q~~
T	R	S		Q
		R		
	T	R	S	Q

STEP-❹
最後にPを書き込んで、5人の順番を確定させると4通りある。

1番目	2番目	3番目	4番目	5番目	
S	P	T	R	Q	①
T	R	S	P		②
	P	S	R	Q	③
P	T	R	S	Q	④

STEP-❺
選択肢を吟味する。

(問1) ア：必ずしも誤りとはいえない　イ：必ず誤り　ウ：必ずしも誤りとはいえない

(問2) カ：「PTRSQ」（④）に決まる　キ：「TRSPQ」（②）に決まる　ク：「TRSPQ」（②）と「TPSRQ」（③）の2通りが残ってしまい決まらない

解答	(問1)F　(問2)D

1 会社員Pの所属する部署には、PのほかQ、R、S、Tがいる。ある日の出社した順番を確認したところ、QとTは続けて出社し、PとRの間には1人が出社した。なお、同時に出社した者はいなかった。

問1 次のア〜ウの中で、必ずしも誤りとはいえない記述を組み合わせたものはどれか。A〜Iから1つ選びなさい。

ア：Qは5番目に出社した
イ：Rは4番目に出社した
ウ：Tは1番目に出社した

A アのみ　　　B イのみ　　　C ウのみ　　　D アとイ
E イとウ　　　F アとウ　　　G アとイとウ
H 必ずしも誤りとはいえない記述はない　　　I 決まらない

問2 次のカ〜クからどれか1つを条件として加味すると、5人の出社順序が1通りに確定するが、それはどれか。A〜Iから1つ選びなさい。

カ：Rの次にTが出社した
キ：Qの次にPが出社した
ク：Sの次にRが出社した

A カのみ　　　B キのみ　　　C クのみ　　　D カとキ
E キとク　　　F カとク　　　G カとキとク
H 題意を満たす条件はない　　　I 決まらない

2 P、Q、R、S、Tの5人が大学の正門前で待ち合わせをした。5人が到着した順序について、次のことがわかっている。なお、同時に到着した者はいなかった。

ⅰ：PとTの間に1人来た
ⅱ：Sの3人あとにRが来た

問 次のア〜ウの中で、正しい記述を組み合わせたものはどれか。A〜Iから1つ選びなさい。

ア：Pは2番目に来ていない
イ：Rは3番目に来ていない
ウ：Sは5番目に来ていない

A アのみ　B イのみ　　C ウのみ　D アとイ　E イとウ
F アとウ　G アとイとウ　H 正しい記述はない　　I 決まらない

▶**練習問題解説**

1「QとTは続けて」は、順序が不明なので「QT」と「TQ」の可能性がある（表中では「Q↔T」と表記する）。また「PとRの間には1人」は、順序が不明なので「P□R」と「R□P」の可能性がある。「P□R」「R□P」を書き込んだあと「QT」「TQ」を入れ、最後に⑤を書き込むと次のようになる。

1番目		2番目	3番目	4番目		5番目	
P		⑤	R	Q	↔	T	①
		P				R	
Q	↔	T	P	⑤		R	②
R		⑤	P	Q	↔	T	③
		R				P	
Q	↔	T	R	⑤		P	④

(問1)ア：必ずしも誤りとはいえない（①③）　イ：必ず誤り　ウ：必ずしも誤りとはいえない（②④）

(問2)カ：「PSRTQ」（①でTQ）と決まる　キ：「TQPSR」（②でTQ）と決まる　ク：①②が残るうえにQTの順序が決まらない

> **解答**　(問1) F　(問2) D

2ⅱ（S□□R）、ⅰ（P□T、T□P）の順に順序を書き込み、残った空欄に⑥を入れると、次の4通りになる。

1番目	2番目	3番目	4番目	5番目	
S	⑥	P	R	T	①
		T		P	②
P	S	T	⑥	R	③
T		P			④

ア　Pは1番目（③）か3番目（①④）か5番目（②）なので、「Pは2番目ではない」は正しい記述である。

イ　Rは4番目（①②）か5番目（③④）なので、「Rは3番目ではない」は正しい記述である。

ウ　Sは1番目（①②）か2番目（③④）なので、「Sは5番目ではない」は正しい記述である。

> **解答**　G

16 損益計算

難易度	☆ ☆ ★ ★ ★
ペーパーテスト頻出度	★ ★ ★
テストセンター頻出度	★ ★ ★

原価で仕入れた商品に、利益を見込んで定価をつけたが売れず、
値引いて売ったときの、売値と原価の差＝利益についての問題。

正解率 47%

例題

ある商店では、原価2500円で仕入れた商品に、利益を見込んで定価を
つけて販売しようとしたが、売れなかったので20%引した売値をつけたと
ころ、すぐに売れた。

問1

定価が原価の40%増だったとすると、最終的な利益はいくらか。
A～Iから1つ選びなさい。

A	300円	B	400円	C	500円	D	600円	E	700円
F	800円	G	900円	H	1000円	I	A～Hのいずれでもない		

問2

最終的な利益が700円だったとすると、原価の何％の利益を見込ん
で定価をつけたか。A～Iから1つ選びなさい。

A	25%	B	30%	C	35%	D	40%	E	45%
F	50%	G	55%	H	60%	I	A～Hのいずれでもない		

す ば や く 解 く コ ツ

★「原価」「定価」「売値」「利益」の順に、線分図に書いて、関係を「手と目」
で覚える。≪売値－原価＝最終的な利益≫は常識である。

```
        ---- 定価 ----
   原価 ----     最終的な
                  利益
   |─────────────────────←──|
        ---- 売値 ----      値引
```

★「定価＝原価×（1＋値上率）」
　「売値＝定価×（1－値引率）」という関係になっている。

★ 問題文に注目し、「～の割合（％など）は」と問われたときは「掛ける」。

例題解説

STEP-❶
「売値は定価の20%引」は、「売値＝定価×0.8」のことである。
「〜の割合（%など）は」と問われたときは「掛ける」。
「20%引」は1－0.2＝0.8、「定価の20%引」は、**定価×0.8**となる。

STEP-❷
(問1)「定価が原価の40％増」
は、「定価＝原価×1.4」のこと
である。「〜の割合（%など）は」
と問われたときは「掛ける」。
「40%増」は、1＋0.4＝1.4倍、
「原価の40%増」は、原価×1.4
となる。

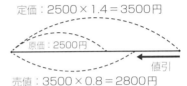

定価：2500×1.4＝3500円

売値：3500×0.8＝2800円

STEP-❸
原価が2500円なので定価は**2500×1.4＝3500円**。定価が3500円
なので売値は**3500×0.8＝2800円**。≪売値－原価＝最終的な利益≫な
ので、最終的な利益＝**2800－2500＝300円**と決まる。

STEP-❹
(問2)問1を逆の流れで考える。≪売値－原価＝最終的な利益≫なので、最
終的な利益＝700円、原価＝2500円より、売値＝原価＋最終的な利益＝
2500＋700＝3200円。「売値＝定価×0.8」より、定価＝売値÷0.8
＝**3200÷0.8＝4000円**と決まる。

STEP-❺
原価が2500円で定価が4000
円ということは、原価を**(4000
÷2500)倍＝1.6倍**して定価を
つけたことになる。
10%増⇔1.1倍、20%増⇔1.2
倍、30%増⇔1.3倍…と考えて
みれば、60%増⇔1.6倍なので、
60%増と決まる。

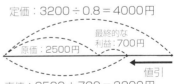

定価：3200÷0.8＝4000円

売値：2500＋700＝3200円

| 解答 | (問1)A (問2)H |

1 原価2000円の商品に、2割の利益を見込んで定価をつけたが売れなかったので2割引にしたら売れた。

問 最終的な収支はどうなるか。A～Iから1つ選びなさい。

A 160円の損失　B 80円の損失　C 損益なし　　D 20円の利益
E 60円の利益　F 80円の利益　G 100円の利益　H 160円の利益
I A～Hのいずれでもない

---

2 ある商品を販売するにあたり、300円の利益を見込んで1500円の定価をつけた。

問1 原価の何%の利益を見込んで定価をつけたか。A～Iから1つ選びなさい。

A 10%増　　B 15%増　　C 20%増　　D 25%増　　E 30%増
F 35%増　　G 40%増　　H 45%増　　I A～Hのいずれでもない

問2 この定価では売れなかったので、10%引いた売値をつけたらすぐに売れた。最終的な利益はいくらか。A～Iから1つ選びなさい。

A 0円（利益なし）　B 30円　　C 50円　　D 80円　　　E 100円
F 120円　　　G 130円　　H 150円　　I A～Hのいずれでもない

---

3 原価100円の商品を50個仕入れ、50%の利益を見込んで定価をつけたところ80%が売れた。「残り」がなかなか売れないので、思い切って値引したところ完売したが、最終的な利益は仕入れ値総額の44%にとどまった。

問 「残り」は定価の何%引で販売したか。A～Iから1つ選びなさい。

A 15%引　　B 18%引　　C 20%引　　D 22%引　　E 25%引
F 28%引　　G 30%引　　H 32%引　　I A～Hのいずれでもない

▶ **練習問題解説**

1 「定価は原価の2割増」なので定価＝原価×1.2＝2000×1.2＝2400円、
「売値は定価の2割引」なので売値＝定価×0.8＝2400×0.8＝1920円、
≪最終的な利益＝売値−原価≫なので、1920−2000＝−80円
「−（マイナス）の利益」は「損失」のことなので、80円の損失と決まる。

解答 B

2 300円の利益を見込んで1500円の定価になったのだから、原価は
1500−300＝1200円だったとわかる。
(問1) 原価1200円に定価1500円をつけたのだから、定価は原価の
1500÷1200＝1.25倍、つまり25％増と決まる。
(問2) 「売値は定価の10％引」なので、売値＝1500×0.9＝1350円。
原価1200円なので、最終的な利益は1350−1200＝150円と決まる。

解答 (問1) D (問2) H

3 定価で売れた分の売上（①）と割引して売れた分の売上（②）を足した売上総
額（③）から、仕入値総額（④）を引いたものが最終的な利益（⑤）になる。こ
の手順にしたがって解いていこう。
① : 原価100円、定価は原価の50％増なので100×1.5＝150円。
これで50個の80％（つまり50×0.8＝40個）売れたので、ここで
の売上は、150×40＝6000円とわかる。
② : 割引した売値をx円とおくと「残り」は10（＝50−40）個なので、
ここでの売上はx×10＝10x円である。
③ : 売上総額は、（6000＋10x）円である。
④ : 仕入値総額は、100×50＝5000円である。
⑤ : 最終的な利益は、④の44％なので、5000×0.44＝2200円となる。

以上より≪売上総額−仕入値総額＝最終的な利益≫なので、（6000
＋10x）−5000＝2200 の方程式が成り立つ。これを解くと、x＝120円。
定価150円を値引して売値120円にしたのだから、120÷150＝0.8
倍したことになる。したがって、売値は定価の「2割引」と決まる。

解答 C

割 増 ・ 割 引 早 見 表

「観客動員数が50%増」「タイムセールで店内全品4割引」など、割増や割引の表示を目にする機会は多い。だが、あまり意味を考えずに済ませている人が意外と多いようだ。「観客が増えたらしい」「価格が安くなるらしい」などという漠然としたイメージではなく、ある程度正確に内容を理解しておきたい。

「50%増」とは、「50%」が0.5、「増」が1に足すことなので1＋0.5＝1.5倍になる、という意味。同様に「4割引」は、「4割」が0.4、「引」が1から引くことなので1－0.4＝0.6倍になる、という意味である。

念のため下の《早見表》で、確認しておいてほしい。

歩合	小数	増	引
1割	0.1	1.1	0.9
2割	0.2	1.2	0.8
3割	0.3	1.3	0.7
4割	0.4	1.4	0.6
5割	0.5	1.5	0.5
6割	0.6	1.6	0.4
7割	0.7	1.7	0.3
8割	0.8	1.8	0.2
9割	0.9	1.9	0.1
10割	1	2	0

百分率	小数	増	引
5%	0.05	1.05	0.95
10%	0.1	1.1	0.9
15%	0.15	1.15	0.85
20%	0.2	1.2	0.8
25%	0.25	1.25	0.75
30%	0.3	1.3	0.7
35%	0.35	1.35	0.65
40%	0.4	1.4	0.6
45%	0.45	1.45	0.55
50%	0.5	1.5	0.5
55%	0.55	1.55	0.45
60%	0.6	1.6	0.4
65%	0.65	1.65	0.35
70%	0.7	1.7	0.3
75%	0.75	1.75	0.25
80%	0.8	1.8	0.2
85%	0.85	1.85	0.15
90%	0.9	1.9	0.1
95%	0.95	1.95	0.05
100%	1	2	0

　「1000円の2割引はいくらか?」という問いに対して「500円」、「800円の4割引はいくらか?」という問に対しては「600円」と、堂々と答える学生に出会ったことがあります。苦し紛れに口から出任せの数字を言っているのかと思いましたが、それにしてもすらすらと(間違った)答えを口にするのが不思議でした。

　しかし、「500円の3割引はいくらか?」という問いに対して、しばし沈黙の後「できません」と答え、小さな声で「だって割り切れないし」と言うのを聞いたのです。僕はすぐさま合点がいきました。

　彼は、「1000円の2割引は?」と問われて、1000円を2で割って引いていたのです。つまり、こういうことです。

$$\boxed{2で割る!?} \qquad \boxed{元の値段から引く!?}$$
$$1000 \div 2 = 500 \Rightarrow 1000 - 500 = 500!?$$

同様に「800円の4割引」は、600円というわけです。

$$\boxed{4で割る!?} \qquad \boxed{元の値段から引く!?}$$
$$800 \div 4 = 200 \Rightarrow 800 - 200 = 600!?$$

　しかし、「500円の3割引」では、500÷3が割り切れなくて困ってしまったのでした。なるほど、ですね(感心している場合ではないのか。正解は500×0.7=350円)。

　クーポン券を使って買い物をするお話です。クーポン券には次の4種類があるとします。「税抜」(AとC)、「税込」(BとD)の違いに注意してください。同じ金額の商品を購入する場合、どのクーポンを使うと最も安くなるかを検討しましょう。なお、消費税は一律10%とします(途中計算で端数が出た場合の四捨五入は考えません)。

A 税抜価格より 10%引	B 税込価格より 10%引	C 税抜価格より 1,000円引	D 税込価格より 1,000円引

AとBの大小比較

　税抜価格をx円と置くと、Aは$(x \times 0.9 \times 1.1)$円、Bは$(x \times 1.1 \times 0.9)$円となり、$x$の値にかかわらず等しくなります。どちらのクーポンを使っても同じ結果になるのです。

CとDの大小比較

　税抜価格をx円と置くと、Cは$(x - 1000) \times 1.1 = (1.1x - 1100)$円、Dは$(1.1x - 1000)$円となり、$x$の値にかかわらずCのほうが安くなります。

AとCの大小比較

　それでは、安いもの同士のA(A=BなのでBでも同じ)とCとの大小比較をしてみましょう。一般に、PとQの大小関係は、(P-Q)の値が「=0」ならP=Qとなり「等しい」、「>0」ならP>Qとなり「Qのほうが安い」、「<0」ならP<Qとなり「Pのほうが安い」となります。

　Aは$(x \times 0.9 \times 1.1)$円、Cは$(x - 1000) \times 1.1$円なので、

　$A - C \rightarrow x \times 0.9 \times 1.1 - (x - 1000) \times 1.1 = 1.1 \times \{0.9x - (x - 1000)\} = 1.1 \times (1000 - 0.1x)$円となります(「×1.1」で括ってしまうのがコツ)。

　$x = 10000$のとき「=0」となるのでA=C、$x < 10000$のとき「>0」となるのでA>C、$x < 10000$のとき「<0」となるのでA<C、となります。

　つまり、税抜価格が10000円のときはAもCも同じ結果になりますが、10000円未満ではCのほうが安く、10000円を超えるときはAのほうが安くなります。

　クーポンを上手に使い、お得にお買い物をしてみましょう!

17 割合と比

「全体」の中で「部分」が占める割合に関する問題。何を全体と
考えるか、どの部分を指しているかを正確に把握することが肝要。

正解率
63%

例題

　ある大学のある学部は、学生150名中40%が留学生で、その30%が女性である。また、残りはすべて日本人でその男女比は、2：3である。

問1
　日本人学生の中で男性は何人いるか。A〜Iから1つ選びなさい。

A　18人　　　B　24人　　　C　30人　　　D　36人　　　E　42人
F　48人　　　G　54人　　　H　72人　　　I　A〜Hのいずれでもない

問2
　日本人学生と留学生を合わせて、女性は何人いるか。A〜Iから1つ選びなさい。

A　54人　　　B　60人　　　C　66人　　　D　72人　　　E　78人
F　84人　　　G　90人　　　H　96人　　　I　A〜Hのいずれでもない

す ば や く 解 く コ ツ

★「留学生⇔日本人学生」「男性⇔女性」のように、2つの属性がそれぞれ重なる設定では、次のような表を作るとわかりやすい。

	男性	女性	合計
留学生			
日本人学生			
合計			

★「損益計算」と同じく、「〜の割合（%など）は」と問われたときは、原則「掛ける」。つまり、「留学生の30%」は「留学生×0.3」を表している。

★比に応じて分ける（「比例配分」）とは、たとえば「2：3」ならば、
$\frac{2}{2+3}$ と $\frac{3}{2+3}$ に分ける、つまり、$\frac{2}{5}$ と $\frac{3}{5}$ に分けることである。

▶ 例題解説

STEP-❶

「留学生⇔日本人学生」、「男性⇔女性」なので、次のような表を作る。

	男性	女性	合計
留学生	④	③	①
日本人学生	2 : 3		②
合計			150人

① $150 \times 0.4 = 60$人 ←留学生の合計
② $150 - 60 = 90$人 ←日本人学生の合計
③ $60 \times 0.3 = 18$人 ←留学生の女性
④ $60 - 18 = 42$人 ←留学生の男性

STEP-❷

2 : 3は、$\dfrac{2}{2+3}$と$\dfrac{3}{2+3}$、つまり$\dfrac{2}{5}$と$\dfrac{3}{5}$に配分することなので、

$90 \times \dfrac{2}{5} = 36$人 ←日本人学生の男性

$90 \times \dfrac{3}{5} = 54$人 ←日本人学生の女性

	男性	女性	合計
留学生	42人	18人	60人
日本人学生	$\dfrac{2}{5}$と$\dfrac{3}{5}$		90人
合計			150人

➡

	男性	女性	合計
留学生	42人	18人	60人
日本人学生	36人	54人	90人
合計	⑤	⑥	150人

STEP-❸

空欄を埋める。

⑤ $42 + 36 = 78$人 ←男性の合計
⑥ $18 + 54 = 72$人 ←女性の合計

STEP-❹

選択肢を吟味する。

(問1)日本人学生の中で、男性は36人
(問2)日本人学生と留学生を合わせて、
女性は72人

	男性	女性	合計
留学生	42	18	60
日本人学生	36	54	90
合計	78	72	150

解答	(問1) D (問2) D

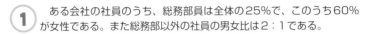

1 ある会社の社員のうち、総務部員は全体の25%で、このうち60%が女性である。また総務部以外の社員の男女比は2：1である。

問1 総務部以外の男性は、社員全体のどれほどか。**A**～**I**から1つ選びなさい。

A 15% B 20% C 25% D 30% E 35%
F 40% G 45% H 50% I **A**～**H**のいずれでもない

問2 総務部の男性が6人のとき、総務部以外の女性は何人いるか。
A～**I**から1つ選びなさい。

A 15人 B 20人 C 25人 D 30人 E 35人
F 40人 G 45人 H 50人 I **A**～**H**のいずれでもない

問3 総社員の男女比はどれか。**A**～**I**から1つ選びなさい。

A 3：2 B 4：3 C 5：3 D 6：5 E 7：6
F 8：7 G 9：7 H 9：8 I **A**～**H**のいずれでもない

2 ある遊園地のある日の来場者の比率は、大人：学生：小人が6：9：5で、学生の来場者の男女比は4：5であった。

問1 男性の学生来場者数は全体のどれだけにあたるか。**A**～**I**から1つ選びなさい。

A $\dfrac{1}{3}$ B $\dfrac{1}{4}$ C $\dfrac{1}{5}$ D $\dfrac{1}{6}$ E $\dfrac{3}{8}$

F $\dfrac{3}{10}$ G $\dfrac{2}{15}$ H $\dfrac{9}{20}$ I **A**～**H**のいずれでもない

問2 総来場者数が12000人だったとすると、大人の来場者は何人いたか。
A～**I**から1つ選びなさい。

A 1200人 B 1800人 C 2400人 D 3000人 E 3600人
F 4500人 G 4800人 H 5400人 I **A**～**H**のいずれでもない

3 ある中学校の生徒数の比は、1年生：2年生：3年生＝5：7：6である。また、3年生の男女比は5：4で、3年生男子の人数は120人である。

問 この中学校の総生徒数は何人か。**A**～**I**から1つ選びなさい。

A 360人 B 424人 C 486人 D 540人 E 648人
F 714人 G 752人 H 810人 I **A**～**H**のいずれでもない

▶練習問題解説

1 総社員を100とおいて考えると、総務部は100×0.25＝25。このうち女性が60％なので、25×0.6＝15。男性は25−15＝10。
総務部が25なので、総務部以外は75。これを2：1に比例配分すると、

男性は $75 \times \dfrac{2}{2+1} = 50$、女性は $75 \times \dfrac{1}{2+1} = 25$。

以上より、全社員のうち男性は10＋50＝60、女性は15＋25＝40。
(問1)総務部以外の男性は60(全男性)−10(総務部男性)＝50なので、全体の50％と決まる。
(問2)総務部の男性は全体の10％、これが6人にあたるので、全体は6÷0.1＝60人。総務部以外の女性は全体の25％なので、総務部の女性は60×0.25＝15人と決まる。
(問3)総社員の男女比は、(総務部男性10％＋総務部以外男性50％＝60％)：(総務部女性15％＋総務部以外女性25％＝40％)＝3：2と決まる。

	男性	女性	合計
総務部	10	15	25
総務部以外	50	25	75
合計	60	40	100

解答　(問1)H (問2)A (問3)A

2 **(問1)**学生の来場者は、全体の $\dfrac{9}{6+9+5} = \dfrac{9}{20}$ である。

このうち男性は $\dfrac{4}{4+5} = \dfrac{4}{9}$ なので、$\dfrac{9}{20} \times \dfrac{4}{9} = \dfrac{1}{5}$ と決まる。

(問2)大人の来場者は、全体の $\dfrac{6}{6+9+5} = \dfrac{6}{20} = \dfrac{3}{10}$ である。

総来場者数が12000人なので、$12000 \times \dfrac{3}{10} = 3600$ 人

解答　(問1)C (問2)E

3 3年生が全体に占める割合は、$\dfrac{6}{5+7+6} = \dfrac{6}{18} = \dfrac{1}{3}$。そのうち男子の割合は $\dfrac{5}{5+4} = \dfrac{5}{9}$ なので、$\dfrac{1}{3} \times \dfrac{5}{9} = \dfrac{5}{27}$。全体の $\dfrac{5}{27}$ が120人にあたるので、全体$\times \dfrac{5}{27} = 120$、全体＝$120 \div \dfrac{5}{27} = 120 \times \dfrac{27}{5} = 24 \times 27 = 648$ 人と決まる。

解答　E

18 料金の割引

回数券を使ったり、まとめ買いしたときにおまけをくれたりして、単価が安くなる問題。文字が出てくることがあるが動揺しないこと。

正解率 **56%**

例 題

あるカフェではパンケーキを1枚 a 円で販売しているが、リピーターのために、14枚分のパンケーキが食べられる回数券をひとつづり $10a$ 円で販売している。

問1　16枚のパンケーキを、回数券を使って最も安くなるように購入すると、1枚あたりいくらで購入できることになるか。A～Iから1つ選びなさい。

A $\frac{2}{3}a$円　　B $\frac{3}{4}a$円　　C $\frac{4}{5}a$円　　D $\frac{5}{6}a$円　　E $\frac{5}{7}a$円

F $\frac{6}{7}a$円　　G $\frac{7}{9}a$円　　H $\frac{8}{9}a$円　　I A～Hのいずれでもない

問2　40枚のパンケーキを、回数券を使って最も安くなるように購入すると、1枚あたりいくらで購入できることになるか。A～Iから1つ選びなさい。

A $\frac{3}{4}a$円　　B $\frac{4}{5}a$円　　C $\frac{5}{6}a$円　　D $\frac{9}{10}a$円　　E $\frac{10}{11}a$円

F $\frac{11}{12}a$円　　G $\frac{10}{13}a$円　　H $\frac{11}{14}a$円　　I A～Hのいずれでもない

す ば や く 解 く コ ツ

★たとえば「14枚で $10a$ 円」であれば、14枚のまとまりをできるだけ多く作って、回数券を利用する。

★回数券で買い切れなかった端数は、通常通りの値段（1枚 a 円）で買って必要な数を揃えるしかない。

★結果的に安くなるなら、回数券は余らせてもよい。ただし、本当に安くなるかどうかは、両方を計算して比較しないとわからない。

▶例題解説

STEP-①

(問1)16枚は、14枚＋2枚なので、10枚分＋2枚分＝12枚分の値段で購入できる。

16枚＝14枚＋2枚
↓　　　 ‖
10枚分＋2枚分＝12枚分

したがって、1枚あたり $\frac{12}{16}a = \frac{3}{4}a$ 円と決まる。

STEP-②

(問2)まず、回数券を余らせない場合を計算する。

40枚は14枚＋14枚＋12枚なので、10枚分＋10枚分＋12枚分＝32枚分の値段で購入できる。

40枚＝14枚＋　14枚　＋12枚
↓　　　 ↓　　　　 ‖
10枚分＋10枚分＋12枚分＝32枚分

したがって、1枚あたり $\frac{32}{40}a = \frac{4}{5}a$ 円となる。…①

STEP-③

次に、回数券を余らせる場合を計算する。ここでは、3綴りの回数券を使う方法がある。

40枚＜14枚＋　14枚　＋14枚(2枚余る)
↓　　　 ↓　　　 ↓
10枚分＋10枚分＋10枚分＝30枚分

30枚分の値段で購入することができるので、

1枚あたり $\frac{30}{40}a = \frac{3}{4}a$ 円となる。…②

STEP-④

①と②の結果を比較すると、$\frac{4}{5}=0.8$、$\frac{3}{4}=0.75$ なので、

②のほうが安いことがわかる。したがって、1枚あたりの値段は $\frac{3}{4}a$ 円と決まる。

解答　(問1)B (問2)A

1 近所のなじみのお惣菜屋さんでは、1個 a 円の唐揚を6個買うと、おまけに1個つけてくれる。

問1 16個の唐揚を手に入れたとき、最も安く買ったとすると、1個あたりいくらになるか。**A**～**I**から1つ選びなさい。

A $\frac{6}{7}a$円 **B** $\frac{7}{8}a$円 **C** $\frac{8}{9}a$円 **D** $\frac{9}{10}a$円 **E** $\frac{10}{11}a$円

F $\frac{11}{12}a$円 **G** $\frac{12}{13}a$円 **H** $\frac{13}{14}a$円 **I** **A**～**H**のいずれでもない

問2 33個の唐揚を手に入れたとき、最も安く買ったとすると、いくら支払ったことになるか。**A**～**I**から1つ選びなさい。

A $26a$円 **B** $27a$円 **C** $28a$円 **D** $29a$円 **E** $30a$円
F $31a$円 **G** $32a$円 **H** $33a$円 **I** **A**～**H**のいずれでもない

---

2 ある水族館の入館料は1人1200円であるが、20人を超えると、超えた人数からは団体割引として1人あたり400円の値引が受けられる。

問1 60人が入館するといくらになるか。**A**～**I**から1つ選びなさい。

A 56000円 **B** 60000円 **C** 62000円 **D** 64000円
E 66000円 **F** 68000円 **G** 70000円 **H** 72000円
I **A**～**H**のいずれでもない

問2 ある団体が入館したところ、団体割引が適用されて76000円かかった。この団体は何人だったか。**A**～**I**から1つ選びなさい。

A 65人 **B** 70人 **C** 75人 **D** 80人 **E** 85人
F 90人 **G** 95人 **H** 100人 **I** **A**～**H**のいずれでもない

問3 ある団体が入館したところ、団体割引が適用されて1人あたり880円になった。この団体は何人だったか。**A**～**I**から1つ選びなさい。

A 80人 **B** 85人 **C** 90人 **D** 95人 **E** 100人
F 105人 **G** 110人 **H** 115人 **I** **A**～**H**のいずれでもない

問4 60人の団体が入館しようとしたが、遅刻者が出たため、30人ずつに分かれて入館することになった。一度に入館するよりもいくら多く支払うことになるか。**A**～**I**から1つ選びなさい。

A 7600円 **B** 8000円 **C** 8400円 **D** 8800円 **E** 9200円
F 9600円 **G** 10000円 **H** 10400円 **I** **A**～**H**のいずれでもない

▶練習問題解説

① 「6個買ったら1個おまけ」は「6a円で7個買える」ということである。

(問1) 16個は、7個＋7個＋2個なので、6個分＋6個分＋2個分＝14個分の値段で購入でき、1個あたり $\dfrac{14}{16}a = \dfrac{7}{8}a$ 円と決まる。

(問2) 33個は7個×4＋5個なので、6個分×4＋5個分＝29個分の値段で購入できる。余らせる場合は、33個＜7個×5なので、6個×5＝30個分の値段になる。したがって、最も安いのは29a円と決まる。

> **解答** (問1) B (問2) D

② (問1) 20人までは1200円なので1200×20＝24000円、21人目からは1人あたり1200−400＝800円なので、800×40＝32000円となる。合計すると、24000＋32000＝56000円と決まる。

(問2) 20人までの料金は24000円、21人目以降の料金は76000−24000＝52000円。21人目以降は1人800円なので、52000÷800＝65人となる。したがって、20＋65＝85人と決まる。

★入館者を x 人とおくと、20人が1200円、21人目以降の(x−20)人が800円で入館したことになる。したがって、方程式を立てて解くと

$$1200 \times 20 + 800(x-20) = 76000$$
$$24000 + 800x - 16000 = 76000$$
$$800x = 68000 \quad \therefore \quad x = 85 \text{人}$$

(問3) 入館者を x 人とおくと、20人が1200円、21人目以降の(x−20)人が800円で入館したことになる。入館料の合計を x 人で平均すると880円になるので、次の方程式が成り立つ。

$$\frac{1200 \times 20 + 800(x-20)}{x} = 880$$

これを解くと、

$$1200 \times 20 + 800(x-20) = 880x$$
$$24000 + 800x - 16000 = 880x$$
$$-80x = -8000 \quad \therefore \quad x = 100 \text{人}$$

したがって、x＝100人と決まる。

(問4) 60人が一度に入館する場合は、問1の結果より56000円、30人ずつ2回に分けて入館する場合は、(24000＋800×10)×2＝64000円かかるので、差額は64000−56000＝8000円と決まる。

★2回に分けて入館すると、2回目の20人分が1人あたり400円の割引を受けられなくなるので、差は400×20＝8000円になる。

> **解答** (問1) A (問2) E (問3) E (問4) B

19 分割払い

難易度	★ ★ ★ ★ ★
ペーパーテスト頻出度	★ ★ ★
テストセンター頻出度	★ ★ ★

代金支払いを一括せずに分割する問題。全額を「1」とおくので分
数の計算が不可避だが、全額を仮定して頭から解き直す方法もある。

正解率 74%

例 題

絵画を分割払いで購入することになり、契約時に頭金として購入価格の
$\frac{1}{3}$ を支払った。

問1
残額を3回で均等に支払うことにすると、1回の支払額は頭金のどれ
ほどにあたるか。A～Iから1つ選びなさい。

A $\frac{1}{9}$ B $\frac{2}{9}$ C $\frac{1}{3}$ D $\frac{2}{3}$ E $\frac{1}{6}$

F $\frac{1}{12}$ G $\frac{1}{8}$ H $\frac{3}{8}$ I A～Hのいずれでもない

問2
残額を5回で均等に支払うことにすると、5回のうち2回まで支払い
を完了した時点での残額は、購入価格のどれほどにあたるか。A～Iから
1つ選びなさい。

A $\frac{1}{5}$ B $\frac{2}{5}$ C $\frac{3}{5}$ D $\frac{4}{5}$ E $\frac{2}{15}$

F $\frac{4}{15}$ G $\frac{8}{15}$ H $\frac{11}{15}$ I A～Hのいずれでもない

す ば や く 解 く コ ツ

★全額を「1」とおいて、分数の割り算・引き算を進めていく。分数が嫌いで
も、しばらくは我慢して続けていこう。

★金額を具体的に仮定して、はじめから解き直すとわかりやすい。式で出てく
る一番大きな分母に合わせるとよい。たとえば、問1では全額を「9万円」、
問2では「15万円」として解き直すのである。

非言語能力検査　分割払い

▶ 例題解説

STEP-❶

（問1）頭金として購入価格の $\frac{1}{3}$ を支払ったので、残額は $1 - \frac{1}{3} = \frac{2}{3}$、

これを3等分すると、$\frac{2}{3} \div 3 = \frac{2}{3 \times 3} = \frac{2}{9}$ となる。1回の支払額 $\left(\frac{2}{9}\right)$ は

頭金 $\left(\frac{1}{3}\right)$ の□と考えると、$□ = \frac{2}{9} \div \frac{1}{3} = \frac{2}{9} \times 3 = \frac{2}{3}$ と決まる。

STEP-❷

（問2）頭金として購入価格の $\frac{1}{3}$ を支払ったので、残額は $1 - \frac{1}{3} = \frac{2}{3}$、

これを5等分すると、$\frac{2}{3} \div 5 = \frac{2}{3 \times 5} = \frac{2}{15}$ となる。5回のうち2回まで

支払いを完了すると、$\frac{1}{3} + \frac{2}{15} + \frac{2}{15} = \frac{5 + 2 + 2}{15} = \frac{9}{15} = \frac{3}{5}$ を

支払ったことになるので、残額は、購入価格の $1 - \frac{3}{5} = \frac{2}{5}$ と決まる。

残り3回なので、$\frac{2}{15} \times 3 = \frac{2}{5}$ と直接に残額を求めてしまってもよい。

> **解答**　（問1）D（問2）B

★金額を具体的に仮定すると、分数計算を回避することができる。

（問1）1回の支払額が購入価格の $\frac{2}{9}$ と出た時点で、購入価格を「9万円」とおくと、

頭金が「3万円」で、あとは1回「2万円」の3回払いとわかるので、「2万円」は「3万円」

の $\frac{2}{3}$ と決まる。

（問2）1回の支払額が購入価格の $\frac{2}{15}$ と出た時点で、購入価格を「15万円」とおく。

すると、頭金が「5万円」で、あとは1回「2万円」の5回払いとわかる。

5回のうち2回まで支払いを完了すると、**5＋2＋2＝9万円**を支払ったことに

なる。したがって残額は15－9＝6万円となり、「6万円」は購入価格「15万円」の

$\frac{6}{15} = \frac{2}{5}$ と決まる。

1 楽器を分割払いで購入するにあたり、契約時に頭金として購入額の $\frac{1}{6}$ を支払い、納品時に購入額の $\frac{1}{4}$ を支払った。

問1 残額を7回にわけて均等に支払うとすると、1回あたりの支払額は購入額のどれほどにあたるか。A～Iから1つ選びなさい。

A $\frac{1}{12}$ B $\frac{5}{12}$ C $\frac{7}{12}$ D $\frac{1}{7}$ E $\frac{2}{7}$

F $\frac{1}{14}$ G $\frac{3}{14}$ H $\frac{5}{14}$ I A～Hのいずれでもない

問2 残額を15回にわけて均等に支払うことにしたら、残額に加えて別途手数料として残額の20%が加算された。このとき、1回あたりの支払額は当初の購入額のどれほどにあたるか。A～Iから1つ選びなさい。

A $\frac{1}{120}$ B $\frac{7}{120}$ C $\frac{1}{150}$ D $\frac{7}{150}$ E $\frac{1}{180}$

F $\frac{7}{180}$ G $\frac{1}{240}$ H $\frac{7}{240}$ I A～Hのいずれでもない

---

2 パソコンを購入し7回分割で支払うことにした。契約時に総額の $\frac{1}{4}$ を、納品時に第2回として残額の $\frac{1}{6}$ を支払って、あとは均等分割する。

問1 納品時に支払った金額は、総額のどれほどか。A～Iから1つ選びなさい。

A $\frac{1}{10}$ B $\frac{1}{9}$ C $\frac{1}{8}$ D $\frac{1}{7}$ E $\frac{1}{6}$

F $\frac{1}{5}$ G $\frac{1}{4}$ H $\frac{1}{3}$ I A～Hのいずれでもない

問2 均等分割の1回分の支払額は総額のどれほどか。A～Iから1つ選びなさい。

A $\frac{1}{10}$ B $\frac{1}{9}$ C $\frac{1}{8}$ D $\frac{1}{7}$ E $\frac{1}{6}$

F $\frac{1}{5}$ G $\frac{1}{4}$ H $\frac{1}{3}$ I A～Hのいずれでもない

問3 第4回の支払いが完了した時点で、残額は総額のどれほどになっているか。A～Iから1つ選びなさい。

A $\frac{1}{7}$ B $\frac{2}{7}$ C $\frac{3}{7}$ D $\frac{4}{7}$ E $\frac{1}{8}$

F $\frac{3}{8}$ G $\frac{1}{9}$ H $\frac{2}{9}$ I A～Hのいずれでもない

▶練習問題解説

1 契約時と納品時に支払った金額を、楽器の全額から引くと、残額は、

$$1 - \frac{1}{6} - \frac{1}{4} = \frac{24 - 4 - 6}{24} = \frac{14}{24} = \frac{7}{12}$$ である。

(問1) $\frac{7}{12}$ を7等分するので、$\frac{7}{12} \div 7 = \frac{7}{12 \times 7} = \frac{1}{12}$ と決まる。

(問2) 別途手数料は残額の20%なので、支払うべき額は、残額の20%増、つまり1.2倍となる。これを15等分するので、1回あたりの支払額は、

$$\frac{7}{12} \times 1.2 \div 15 = \frac{7}{12} \times \frac{12}{10} \times \frac{1}{15} = \frac{7}{150}$$ と決まる。

解答　(問1) A　(問2) D

---

2 **(問1)** 第1回支払後の残金は $\frac{3}{4}$ 。第2回の支払額はこれ $\left(\frac{3}{4}\right)$ の $\frac{1}{6}$ なので、$\frac{3}{4} \times \frac{1}{6} = \frac{1}{8}$ 。

(問2) 第2回支払後の残金は $\frac{3}{4} - \frac{1}{8} = \frac{5}{8}$ 、これを5等分するので、$\frac{5}{8} \div 5 = \frac{1}{8}$ と決まる。

第1回	第2回	$\frac{5}{8}$を5等分する				
$\frac{1}{4}$	$\frac{3}{4} \times \frac{1}{6} = \frac{1}{8}$	$\frac{1}{8}$	$\frac{1}{8}$	$\frac{1}{8}$	$\frac{1}{8}$	$\frac{1}{8}$

(問3) 第2回支払後の残金が $\frac{5}{8}$ 、その後 $\frac{1}{8}$ を2回支払うので、

$$\frac{5}{8} - \frac{1}{8} - \frac{1}{8} = \frac{3}{8}$$ と決まる。

解答　(問1) C　(問2) C　(問3) F

支払った分が総額の $\frac{1}{4} + \frac{1}{8} + \frac{1}{8} + \frac{1}{8} = \frac{5}{8}$ なので残額は総額の $1 - \frac{5}{8} = \frac{3}{8}$ と求めてもよい。

20 料金の精算

支払いを立て替えたあとで負担が均等になるように精算する問題。
内部借金の清算は無駄な迂回が生じないように相殺して簡素化する。

正解率
49%

例 題

　P、Q、Rの3人で泊りがけの小旅行に出かけた。初日にかかった費用
5800円をPが、2日目にかかった費用12500円をQが支払ったが、Rは
まったく支払っておらず、あとで精算することにした。

問1

　2日目終了時点で精算すると、誰が誰にいくら払えばよいか。
A～Iから1つ選びなさい。

A　PがQに300円、PがRに6100円　　B　QがPに300円、QがRに6100円
C　RがPに300円、RがQに6100円　　D　QがPに300円、RがPに6100円
E　PがQに300円、RがQに6100円　　F　PがRに300円、QがRに6100円
G　PがQに6100円、RがQに300円　　H　PがRに6100円、QがRに300円
I　A～Hのいずれでもない

問2

　PがRに10000円の借金があり、この精算も同時に行うことにした。
誰が誰にいくら払えばよいか。A～Iから1つ選びなさい。

A　PがQに6400円、PがRに3900円　　B　QがPに6400円、QがRに3900円
C　RがPに6400円、RがQに3900円　　D　QがPに6400円、RがPに3900円
E　PがQに6400円、RがQに3900円　　F　PがRに6400円、QがRに3900円
G　RがPに3900円、RがQに6400円　　H　QがPに3900円、RがPに6400円
I　A～Hのいずれでもない

す ば や く 解 く コ ツ

★支出総額がわかっているのであれば「1人あたりの負担額」を求める。

★「1人あたりの負担額」との差で、支払うのか、もらうのか、を決める。

★内部借金の精算は、お金が無駄に迂回しないようにする。

例題解説

STEP-①
まず、「1人あたりの負担額」を求める。
(5800 + 12500)÷3 = 18300÷3 = 6100円

STEP-②
「支払う人」なのか「もらう人」なのかを決める。
　P：5800 − 6100 = −300　←300円を「支払う」
　Q：12500 − 6100 = 6400円　←6400円を「もらう」
　R：0 − 6100 = −6100円　←6100円を「支払う」
(「もらう」「支払う」のプラス・マイナスの合計が必ず「0」になる)

STEP-③
(問1)誰から誰に支払うのか、を決める。PがQに300円、RがQに
6100円を支払って、精算が完了する。
(矢印を使ってお金の流れを表しておくとよい)

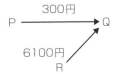

STEP-④
(問2)内部借金の精算をする。PからRに10000円を返すことになると、
もともとRはQへ6100円を支払わなければならないから、6100円分が
無駄に迂回する(P→R→Q)ことになる。この迂回を避けるために、Pは、
もともとQに支払わなければならない300円に6100円を加えた6400
円をQに支払ってしまえばよい。借金の残額10000 − 6100 = 3900円は、
改めてRに支払う。結局、Rは一切支払わなくてよいことになる。
以上より、PがQに6400円、PがRに3900円を支払うことで、借金も
含めた精算が完了する。

解答　(問1)E (問2)A

1 P、Q、Rの3人で友人に就職祝いを贈ることになり、Pが6000円、Qが1000円、Rが5000円の商品を買ってあとで精算することになった。

問1 この段階で精算すると誰が誰にいくら払えばよいか。**A～I**から1つ選びなさい。

A PがQに2000円、PがRに1000円　**B** QがPに2000円、QがRに1000円
C RがPに2000円、RがQに1000円　**D** QがPに2000円、RがPに1000円
E PがQに2000円、RがQに1000円　**F** PがRに2000円、QがRに1000円
G PがQに1000円、PがRに2000円　**H** QがPに1000円、QがRに2000円
I **A～H**のいずれでもない

問2 RがQに2000円の借金があり、この精算も同時に行うことにした。誰が誰にいくら払えば一度で済むか。**A～I**から1つ選びなさい。

A PがQに1000円、PがRに1000円　**B** QがPに1000円、QがRに1000円
C RがPに1000円、RがQに1000円　**D** QがPに1000円、RがPに1000円
E PがQに1000円、RがQに1000円　**F** PがRに1000円、QがRに1000円
G QがPに1000円のみ　**H** RがPに1000円のみ
I **A～H**のいずれでもない

2 P、Q、Rの3人で友人に結婚祝いを贈ることになり、Pが25000円、Qが5000円出し、Rが買っておいた商品の代金と合わせて、あとで等分することにしたところ、QがPに7000円、RがPに6000円支払って精算が完了した。

問1 Rが買った商品はいくらだったか。**A～I**から1つ選びなさい。

A 2000円　**B** 3000円　**C** 4000円　**D** 5000円　**E** 6000円
F 7000円　**G** 8000円　**H** 9000円　**I** **A～H**のいずれでもない

問2 精算をしようとしたところ、QがRに5000円の借金があるのを思い出し、この借金の精算も含めて精算することにした。誰が誰にいくら払えばよいか。**A～I**から1つ選びなさい。

A PがQに1000円、PがRに12000円　**B** QがPに1000円、QがRに12000円
C RがPに12000円、RがQに1000円　**D** QがPに12000円、RがPに1000円
E PがQに1000円、RがQに12000円　**F** PがRに1000円、QがRに12000円
G RがPに1000円、RがQに12000円　**H** QがPに1000円、RがPに12000円
I **A～H**のいずれでもない

▶練習問題解説

1 (問1)1人あたりの負担額は(6000 + 1000 + 5000)÷3 = 12000 ÷3 = 4000円なので、QがPに2000円、QがRに1000円支払うことで精算が完了する(下図左上)。

(問2)RがQに2000円の返済をすることになると、QR間で相殺が行われ、RからQへの1000円が残る。すると、R→Q1000円、Q→P2000円となって迂回が起こるので、これを避ける。QがPに1000円、RがPに1000円を支払えば、借金を含めた精算が完了する。

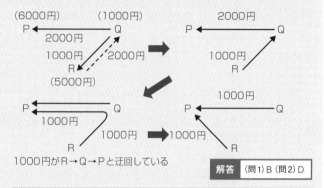

1000円がR→Q→Pと迂回している

| 解答 | (問1)B (問2)D |

2 (問1)1人あたりの負担額は、Qが5000円支払ったうえにPへ7000円支払ったことから、5000 + 7000 = 12000円とわかる。RがPに6000円支払っていることから、Rは12000 - 6000 = 6000円の商品を買っていたことがわかる。

(問2)QがRに5000円の返済をすることになると、Q→R5000円、R→P6000円となって迂回が起こるので、これを避けると、QがPに5000円を上乗せして12000円を、RがPに1000円を支払うことで、借金を含めた精算が完了する。

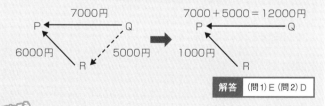

| 解答 | (問1)E (問2)D |

覚えておこう

全体からPとQの出した金額を引いてもよい。12000×3 - (25000 + 5000) = 6000円と決まる。

21 年齢算

難易度	★ ★ ★ ★ ★
ペーパーテスト頻出度	★ ★ ★
テストセンター頻出度	★ ★ ★

複数の人の年齢に関する条件から、現在何歳か、何年後のことなのか、そのとき何歳なのかを求める問題。方程式を立てて解こう。

正解率 87%

▶ 例 題

現在、父の年齢は48歳、娘の年齢は20歳、息子の年齢は18歳である。

問1

父の年齢が娘の年齢の3倍になるのはいつか。A～Iから1つ選びなさい。

A 12年前　　B 10年前　　C 8年前　　D 6年前　　E 6年後
F 8年後　　G 10年後　　H 12年後　　I A～Hのいずれでもない

問2

父の年齢が娘と息子の年齢の和に等しいとき、息子の年齢は何歳か。A～Iから1つ選びなさい。

A 8歳　　B 10歳　　C 12歳　　D 13歳　　E 15歳
F 23歳　　G 26歳　　H 28歳　　I A～Hのいずれでもない

す ば や く 解 く コ ツ

★年齢算は、算数的に（方程式を使わないで）解くことも可能であるが、「**歳の差は変わらない**」に着目して方程式を立てるほうが圧倒的に楽である。なぜなら、方程式といっても1次方程式しか使わず、解がさほど大きくない自然数だからである。

★現在より前か後かわからなくても、「*x*年後」とおいて方程式を立てて解いてしまえばよい。計算結果が負の数になったら、たとえば *x* ＝－6となったら「6年前」とすればよい。もちろん、*x* ＝6となったら「6年後」という意味である。

▶例題解説

STEP-❶

現在より前か後かにかかわらず「x年後」とおいてしまうと、現在48歳の父のx年後の年齢は$(48+x)$歳、現在20歳の娘のx年後の年齢は$(20+x)$歳、現在18歳の息子のx年後の年齢は$(18+x)$歳と表すことができる。

	現在	x年後
父	48	$48+x$
娘	20	$20+x$
息子	18	$18+x$

STEP-❷

(問1)父の年齢が娘の年齢の3倍になるときを「x年後」とおくと、
$48+x=(20+x)\times 3$という方程式が立つ。これを解くと、

$$48+x=(20+x)\times 3$$
$$48+x=60+3x$$
$$x-3x=60-48$$
$$-2x=12$$
$$\therefore \quad x=-6$$

したがって、6年前と決まる。

	現在	6年前
父	48	$48-6=42$
娘	20	$20-6=14$

STEP-❸

(問2)父の年齢が娘と息子の年齢の和に等しくなるのを「x年後」とおくと、
$48+x=(20+x)+(18+x)$という方程式が立つ。これを解くと、

$$48+x=(20+x)+(18+x)$$
$$48+x=38+2x$$
$$x-2x=38-48$$
$$-x=-10$$
$$\therefore \quad x=10$$

したがって、10年後となる。このときの息子の年齢は、$18+10=28$歳と決まる。

	現在	10年後
父	48	$48+10=58$
娘	20	$20+10=30$
息子	18	$18+10=28$

解答	(問1) D　(問2) H

1 現在、叔父の年齢は50歳、姪の年齢は14歳である。

問1 叔父の年齢が姪の年齢の3倍になるのはいつか。A〜Iから1つ選びなさい。

A 8年前　　B 6年前　　C 4年前　　D 2年前　　E 2年後
F 4年後　　G 6年後　　H 8年後　　I A〜Hのいずれでもない

問2 叔父の年齢が姪の年齢の4倍になるのはいつか。A〜Iから1つ選びなさい。

A 6年前　　B 4年前　　C 2年前　　D 1年前　　E 1年後
F 2年後　　G 4年後　　H 6年後　　I A〜Hのいずれでもない

2 現在34歳の母に、8歳、6歳、4歳の3人の子がいる。

問1 母の年齢が3人の子の年齢の和と等しくなるのは何年後か。A〜Iから1つ選びなさい。

A 1年後　　B 2年後　　C 3年後　　D 4年後　　E 5年後
F 6年後　　G 7年後　　H 8年後　　I A〜Hのいずれでもない

問2 母の年齢が3人の子の年齢の和の5倍と等しいとき、現在4歳の子は何歳か。A〜Iから1つ選びなさい。

A 　0歳　　B 　1歳　　C 　2歳　　D 　3歳　　E 　5歳
F 　7歳　　G 　8歳　　H 　9歳　　I A〜Hのいずれでもない

3 現在、兄の年齢は弟の年齢のちょうど4倍であるが、10年後には、兄の年齢は弟の年齢の1.5倍になっている。

問 現在の兄の年齢は何歳か。A〜Iから1つ選びなさい。

A 2歳　　B 4歳　　C 6歳　　D 8歳　　E 10歳
F 12歳　　G 15歳　　H 18歳　　I A〜Hのいずれでもない

4 4歳の年齢差がある、未成年ではない夫婦に子供がいて、現在、母親の年齢は子供の3倍だが、10年後、父親の年齢は子供の2倍になる。

問 現在の父親の年齢を算出して、その数字の十の位と一の位を合計した数の一の位を、A〜Iから1つ選びなさい。

A 0　　　B 1　　　C 2　　　D 3　　　E 4
F 5　　　G 6　　　H 7　　　I A〜Hのいずれでもない

▶練習問題解説

1

現在の年齢は、叔父が50歳、姪が14歳であるから、x年後のそれぞれの年齢は、叔父が$(50+x)$歳、姪が$(14+x)$歳となる。
(問1) x年後の叔父の年齢が姪の3倍なので、$(50+x)=(14+x)\times3$という方程式が立つ。これを解くと、$x=4$となるので「4年後」と決まる。
(問2) x年後の叔父の年齢が姪の4倍なので、$(50+x)=(14+x)\times4$という方程式が立つ。これを解くと、$x=-2$で「2年前」と決まる。

解答　(問1) F　(問2) C

2

現在、母34歳、3人の子が8歳、6歳、4歳なので、x年後の年齢は順に、$(34+x)$歳、$(8+x)$歳、$(6+x)$歳、$(4+x)$歳となる。
(問1) x年後の母の年齢が子の年齢の和と等しいので、$(34+x)=(8+x)+(6+x)+(4+x)$という方程式が立つ。解くと、$x=8$で「8年後」と決まる。
(問2) x年後の母の年齢が子の年齢の和の5倍なので、$(34+x)=\{(8+x)+(6+x)+(4+x)\}\times5$という方程式が立つ。解くと、$x=-4$となり「4年前」になる。現在4歳の子の4年前の年齢は「0歳」と決まる。

解答　(問1) H　(問2) A

3

現在の弟の年齢をx歳とおくと、兄の年齢は$4x$歳と表すことができる。この兄弟の10年後の年齢は、兄が$(4x+10)$歳、弟が$(x+10)$である。このとき、兄の年齢が弟の1.5倍になっていることから、$(4x+10)=(x+10)\times1.5$という方程式が成り立つ。これを解くと、$x=2$となるので、現在の弟の年齢は2歳、兄の年齢は$2\times4=8$歳と決まる。

解答　D

4

現在の子供の年齢をx歳とおくと、母親は$3x$歳と表せる。両親のどちらが年上かわからないので、父親は$(3x\pm4)$歳と表しておく。すると10年後の子供は$(x+10)$歳、父親は$(3x\pm4+10)$歳となる。
(1) 父親が母親よりも4歳年上の場合　現在の父親の年齢は$(3x+4)$歳、10年後は$(3x+4+10)=3x+14$(歳)となる。10年後に父親の年齢は子供の年齢の2倍になるので、$3x+14=(x+10)\times2$という方程式が成り立つ。これを解くと、$x=6$歳となる。しかし、これでは現在の母親が未成年(18歳)になってしまうので不適。
(2) 父親が母親よりも4歳年下の場合　現在の父親は$(3x-4)$歳、10年後は$(3x-4+10)=3x+6$(歳)となる。10年後、父親の年齢は子供の2倍なので、$3x+6=(x+10)\times2$という方程式が立つ。解くと$x=14$歳。これは、現在の母親が42歳で題意に適する。
現在の母親の年齢が42歳ならば、父親は38歳なので、38の十の位と一の位を合計した数は$3+8=11$、一の位の数字は「1」と決まる。

解答　B

22 鶴亀算

難易度　　　　　★ ★ ★ ★ ★
ペーパーテスト頻出度　★ ★ ★
テストセンター頻出度　★ ★ ★

算数の文章題の代名詞的問題である。未知数が2つ、条件が2つ与えられるので、連立方程式で解く。選択肢から選んでしまってもよい。

正解率 **92**%

例 題

　ある洋菓子店では、1枚80円と50円の2種類のクッキーを販売していたが、材料費の高騰により、1枚2円ずつ値上げすることにした。

問1
　値上げ前、合わせて7枚の代金が500円のとき、安いクッキーは何枚あったか。A〜Iから1つ選びなさい。

A　1枚　　　B　2枚　　　C　3枚　　　D　4枚　　　E　5枚
F　6枚　　　G　7枚　　　H　0枚　　　I　A〜Hのいずれでもない

問2
　値上げ後、合わせて10枚の代金が700円のとき、高いクッキーは何枚あるか。A〜Iから1つ選びなさい。

A　1枚　　　B　2枚　　　C　3枚　　　D　4枚　　　E　5枚
F　6枚　　　G　7枚　　　H　8枚　　　I　A〜Hのいずれでもない

す ば や く 解 く コ ツ

★たとえば、「鶴と亀が合計15匹（羽）いて、足の数が合計40本のとき、鶴は何羽いるか？」という問題を考えよう。

★まず鶴をx羽、亀をy匹とおいて2つの方程式を立てると、合計15匹（羽）から、$x+y=15$という方程式が成り立ち、鶴の足は2本、亀の足は4本なので、足の数の合計が40本から、$2x+4y=40$という方程式が成り立つ。この2つの方程式を連立して解くのである。

$$\begin{cases} x+y=15 & \cdots① \\ 2x+4y=40 & \cdots② \end{cases}$$

★鶴をx羽とだけおいて、亀をxを使って表してもよい。合計で15匹（羽）なので、亀は$(15-x)$匹と表すことができる。足の数の合計40本から、$2x+4(15-x)=40$という方程式が成り立つ（①を$y=15-x$と変形して②に代入しても同じ方程式を作ることができるが）。
ちなみに、鶴は10羽、亀は5匹である。

例題解説

STEP-❶

(問1)値上げ前は、1枚80円と50円だったので、高いクッキーをx枚、安いクッキーをy枚とおくと、枚数に関して$x+y=7$、金額に対して$80x+50y=500$という方程式が成り立つ。これを連立して解く。

$$\begin{cases} x+y=7 & \cdots① \\ 80x+50y=500 & \cdots② \end{cases}$$

①×8−②÷10をすると、

$$\begin{array}{r} 8x+8y=56 \\ -)\ 8x+5y=50 \\ \hline 3y=\ \ \ 6 \end{array} \quad \therefore y=2枚$$

したがって、安いクッキーは2枚と決まる。

STEP-❷

(問2)値上げ後は、1枚82円と52円になったので、高いクッキーをx枚、安いクッキーをy枚とおくと、枚数に関して$x+y=10$、金額に対して$82x+52y=700$という方程式が成り立つ。これを連立して解く。

$$\begin{cases} x+y=10 & \cdots① \\ 82x+52y=700 & \cdots② \end{cases}$$

②−①×52をすると、

$$\begin{array}{r} 82x+52y=700 \\ -)\ 52x+52y=520 \\ \hline 30x\qquad\quad=180 \end{array} \quad \therefore x=6枚$$

したがって、高いクッキーは6枚と決まる。

解答	(問1) B (問2) F

こんな解法もある。「鶴亀算」と気づいたら大小2つの長方形を上下に描き、低い単価のものを左、高いものを右に、総数を上に書く。2つの長方形の面積の和が合計額。問2では、大きな長方形は$52×10=520$円なので、小さな長方形は$700−520=180$円。小さな長方形の縦は$82−52=30$なので、横は$180÷30=6$枚と決まる。

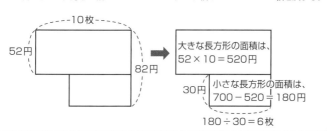

1 スーパーの駐車場に、乗用車と自転車が停められている。

問1

乗用車と自転車の台数は合わせて13台で、タイヤの総数は36個だった。このとき乗用車は何台停められているか。A〜Iから1つ選びなさい。

A　5台　　　B　6台　　　C　7台　　　D　8台　　　E　9台
F　10台　　　G　11台　　　H　12台　　　I　A〜Hのいずれでもない

問2

自転車の台数は乗用車の台数の5倍で、タイヤの総数は70個だった。このとき自転車は何台停められているか。A〜Iから1つ選びなさい。

A　5台　　　B　6台　　　C　10台　　　D　12台　　　E　15台
F　20台　　　G　25台　　　H　30台　　　I　A〜Hのいずれでもない

2 1本80円のボールペンと1本130円のマーカーペン、1冊150円のノートがある。この3品目をまとめて45点購入することにして、6000円を払って390円のおつりを受け取った。内容は、ノートの冊数がボールペンの本数よりも6点多かった。

問1

ノートは何冊購入したか。A〜Iから1つ選びなさい。

A　15冊　　　B　16冊　　　C　17冊　　　D　18冊　　　E　19冊
F　20冊　　　G　21冊　　　H　22冊　　　I　A〜Hのいずれでもない

問2

マーカーペンだけの代金はいくらか。A〜Iから1つ選びなさい。

A　1300円　　B　1430円　　C　1560円　　D　1690円　　E　1820円
F　1950円　　G　2080円　　H　2210円　　I　A〜Hのいずれでもない

3 洋菓子屋さんで1個240円の焼き菓子と1個380円のケーキを合わせて13個買ったところ、箱代60円が加算されて4300円だった。

問

焼き菓子とケーキの個数の差は何個か。A〜Iから1つ選びなさい。

A　1個　　　B　3個　　　C　5個　　　D　7個　　　E　9個
F　11個　　　G　13個　　　H　15個　　　I　A〜Hのいずれでもない

練習問題解説

1
(問1)乗用車をx台、自転車をy台とおくと、

$$\begin{cases} x + y = 13 & \cdots① \\ 4x + 2y = 36 & \cdots② \end{cases}$$

$$②÷2-① \quad \begin{array}{r} 2x + y = 18 \\ -)\ \underline{x + y = 13} \\ \therefore\ x \qquad = 5 \end{array}$$

したがって、乗用車は5台と決まる。

(問2)乗用車の台数をx台とおくと、自転車の台数は$5x$台と表すことができる。タイヤの数について、$4×x+2×5x=70$という方程式が成り立つ。これを解くと、$x=5$台となる。自転車の台数は乗用車の台数の5倍なので、自転車は$5×5=25$台と決まる。

解答 (問1) A (問2) G

2
ボールペンをx本、マーカーペンをy本とおくと、ノートは$(x+6)$冊と表すことができる。購入した点数について、$x+y+(x+6)=45\cdots①$、代金について、$80x+130y+150(x+6)=6000-390\cdots②$、という方程式が成り立つ。①と②を連立して解くと、$x=12$、$y=15$となる。したがってボールペンは12本、マーカーペンは15本、ノートは18冊と決まる。

(問1)ノートは18冊購入した。
(問2)マーカーペンだけの代金は、$130×15=1950$円である。

解答 (問1) D (問2) F

3
1個240円の焼き菓子をx個とすると、合計で13個買ったのだから、1個380円のケーキは$(13-x)$個買ったと表せる。箱代60円を加えて4300円だったのだから、

$$240x + 380(13-x) + 60 = 4300$$
$$240x + 4940 - 380x + 60 = 4300$$
$$-140x + 5000 = 4300$$
$$-140x = -700$$
$$\therefore\ x = 5 \text{個} \quad \text{よって、} y = 8 \text{個}$$

240円の焼き菓子が5個、380円のケーキが8個なので、その差は3個と決まる。

解答 B

23 植木算

難易度	★ ★ ★ ★ ★
ペーパーテスト頻出度	★ ★ ★
テストセンター頻出度	★ ★ ★

道路に等間隔で木を植える問題。端があったりなかったり、片側 だったり両側だったり、わずかな条件の違いで異なった結論となる。

正解率 **76**%

▶ 例 題

長さ160mの遊歩道がある。この遊歩道に20mおきに桜の木を植えたい。

問1
出入り口を除く遊歩道の左右両側に桜の木を植えていくとき、桜の木 は全部で何本必要か。A〜Iから1つ選びなさい。

A 7本	B 8本	C 9本	D 10本	E 14本
F 16本	G 18本	H 20本	I A〜Hのいずれでもない	

問2
出入り口を含めた遊歩道の片側に桜の木を植えていくとき、桜の木は 全部で何本必要か。A〜Iから1つ選びなさい。

A 7本	B 8本	C 9本	D 10本	E 14本
F 16本	G 18本	H 20本	I A〜Hのいずれでもない	

す ば や く 解 く コ ツ

★頭の中だけでイメージせずに、可視化して確認することが肝要である。

★式の数字に単位をつけると（小学校では禁じられたが）勘違いを防げる。 「長さ÷間隔=**間の数**」が正しく、「長さ÷間隔=**木の本数**」ではない。

★両端を含む場合、≪道の片側の木の本数=間の数+1≫

両端を含まない場合、≪道の片側の木の本数=間の数-1≫

★道の左右両側に木を植える場合は、片側を2倍しなけれ ばならない。

★円周上には端がないので、≪木の本数=間の数≫のまま。

118

> **例題解説**

STEP-❶
まず「160m」に「20mのまとまり」が「何個ある」かを求める。
160÷20＝8となり、8個と導き出せる。

STEP-❷
(問1)「出入口を除く」ので「両端を含まない」。
まとまりの数が8個なので、木を植えるのは8－1＝7か所。
遊歩道の左右両側に植えるので、7×2＝14本と決まる。

STEP-❸
(問2)「出入口を含め」るので「両端を含む(端から端まで)」。
まとまりの数が8個なので、木を植えるのは8＋1＝9か所。
遊歩道の片側に植えるので、9本と決まる。

解答 (問1)E (問2)C

覚えておこう

「160mに20m間隔で植える」を例にして、すべての出題パターンをまとめると次の通り。暗記するのではなく、内容を確実に理解しよう。

例：160mに20m間隔で植える		道の片側		道の両側
線形	「両端を含む」	まとまりの数＋1	160÷20＝8 8＋1＝9本	9×2＝18本
	「両端を含まない」	まとまりの数－1	160÷20＝8 8－1＝7本	7×2＝14本
円形	(もともと「端」はない)	まとまりの数	160÷20＝8本	8×2＝16本

1 道路の片側に木を植える。

問1 端から端まで10mおきに木を植えたら5本で済んだ。道路の長さは何mか。**A～I**から1つ選びなさい。

A	10m	B	20m	C	30m	D	40m	E	50m
F	60m	G	70m	H	80m	I	**A～H**のいずれでもない		

問2 端は除いて10mおきに木を植えたら4本で済んだ。道路の長さは何mか。**A～I**から1つ選びなさい。

A	10m	B	20m	C	30m	D	40m	E	50m
F	60m	G	70m	H	80m	I	**A～H**のいずれでもない		

---

2 長さ2mの花壇に、20cm間隔で一列に花を植えることにした。

問1 両端には植えないことにすると、花は何株必要か。**A～I**から1つ選びなさい。

A	1株	B	2株	C	3株	D	6株	E	9株
F	10株	G	11株	H	20株	I	**A～H**のいずれでもない		

問2 両端を10cmずつあけて植えるとすると、花は何株必要か。**A～I**から1つ選びなさい。

A	2株	B	4株	C	6株	D	8株	E	9株
F	10株	G	11株	H	15株	I	**A～H**のいずれでもない		

---

3 マンションを1階から4階まで階段で昇るのに4分かかった。

問 このペースで1階から8階まで昇るとどれくらい時間がかかるか。**A～I**から1つ選びなさい。

A	7分40秒	B	8分	C	8分20秒	D	8分40秒	E	9分
F	9分20秒	G	9分40秒	H	10分	I	**A～H**のいずれでもない		

非言語能力検査 植木算

▶ 練習問題解説

1 (問1)端から端までで5本なので、間は4か所。したがって、(5-1)×10=40mと決まる。
(問2)端を除いて4本なので、間は5か所となり、(4+1)×10=50mと決まる。

解答 (問1)D (問2)E

2 (問1)200÷20=10なので、200cmには20cmのまとまりが10個ある。両端には植えないので、10個のかたまりのすき間に植えることになる。よって、花は10-1=9株必要と決まる。
(問2)両端の10cmずつをあらかじめ取り除いておくと、200-10×2=180cm。ここに端から端まで植えると考えればよい。180÷20=9なので、180cmには20cmのまとまりが9個ある。両端に植えるので、9個のまとまりのすき間と両端に植えることになる。したがって、花は9+1=10株必要と決まる。

解答 (問1)E (問2)F

3 1階から4階まで、階段は3階分あり、4分=240秒なので、1階分昇るのに240÷3=80秒かかる。1階から8階までは7階分昇らなければならないので、80×7=560秒、つまり560秒=9分20秒かかる。

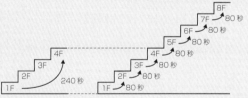

解答 (問1)F

覚えておこう
「1階から4階まで4分だから1階から8階まで8分だ」と安易に考えてはいけない。

121

作業日程 (PERT法)

難易度	★ ☆ ☆ ☆ ★
ペーパーテスト頻出度	★ ☆ ★
テストセンター頻出度	★ ☆ ★

ある作業を分業したときに、それぞれの作業がいつ始まりいつ終わるのかを計算する問題。複数の作業が合流する場合に注意せよ。

正解率 68%

> ### 例 題

次の図はある作業の手順とそれにかかる日数を表している。ある作業を始めるには、その作業の前にある矢印の作業がすべて終わっていなければならない。

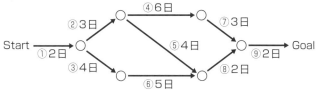

問1
⑨の作業は、①の作業を始めてから何日後に開始することになるか。A〜Iから1つ選びなさい。

A 12日後　　B 13日後　　C 14日後　　D 15日後　　E 16日後
F 17日後　　G 18日後　　H 19日後　　I A〜Hのいずれでもない

問2
すべての作業が完了するのは最短で何日か。A〜Iから1つ選びなさい。

A 13日　　B 14日　　C 15日　　D 16日　　E 17日
F 18日　　G 19日　　H 20日　　I A〜Hのいずれでもない

問3
ほかの作業が最短で仕上がるなら、⑧の作業は数日遅れても全体の仕上がりに影響しない。何日間遅れてもよいか。A〜Iから1つ選びなさい。

A 1日間　　B 2日間　　C 3日間　　D 4日間　　E 5日間
F 6日間　　G 7日間　　H 8日間　　I A〜Hのいずれでもない

す ば や く 解 く コ ツ

★まず、作業のつなぎ目（結節点）に、それまでの日数の和を書き入れる。作業が集まる結節点では、**大きい方の数字を採用する**。
小さい方はその差だけ「待たされる」。つまりその日数だけ余裕があるので「ゆっくりやってよい」。

例題解説

STEP-❶

すべての結節点(矢印の前後の○)に、数字を書き入れていく。2箇所から集まる箇所(この例題では⑧の前と⑨の前)では、**2つの数字のうちの大きいほうを記入**する。

⑧の前は【9】ではなく【11】、⑨の前は【13】ではなく【14】となる。

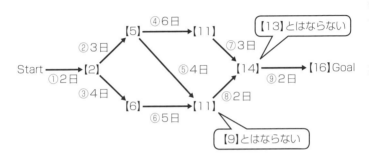

STEP-❷

(問1)⑨の前には【14】と記入されることから、⑨の作業は①の作業開始から15日後に始めることになる。14日後ではないことに注意。

STEP-❸

(問2)Goalには【16】と記入されることから、最短で16日で完了する。

STEP-❹

(問3)①から⑧までの作業は【13】で終了するが、⑦の作業の終了が【14】なので、1日間は遅れてもよい(余裕がある)。

解答	(問1) D (問2) D (問3) A

1 次の図はある作業の手順とそれにかかる日数を表している。ある作業を始めるには、その作業の前にある矢印の作業がすべて終わっていなければならない。

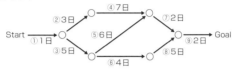

問1 ⑦の作業は、①の作業を始めてから何日後に開始することになるか。A～Iから1つ選びなさい。

A 10日後 B 11日後 C 12日後 D 13日後 E 14日後
F 15日後 G 16日後 H 17日後 I A～Hのいずれでもない

問2 すべての作業が完了するのは最短で何日か。A～Iから1つ選びなさい。

A 13日 B 14日 C 15日 D 16日 E 17日
F 18日 G 19日 H 20日 I A～Hのいずれでもない

2 次の図はある作業の手順とそれにかかる日数を表している。ある作業を始めるには、その作業の前にある矢印の作業がすべて終わっていなければならない。

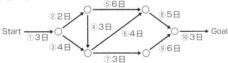

問1 ⑧の作業は、①の作業を始めてから何日後に開始することになるか。A～Iから1つ選びなさい。

A 10日後 B 11日後 C 12日後 D 13日後 E 14日後
F 15日後 G 16日後 H 17日後 I A～Hのいずれでもない

問2 ⑧⑨の作業はどちらが何日先に終了するか。A～Iから1つ選びなさい。

A 同時に終了 B ⑧が1日先 C ⑨が1日先 D ⑧が2日先
E ⑨が2日先 F ⑧が3日先 G ⑨が3日先 H ⑧が4日先
I A～Hのいずれでもない

練習問題解説

1 例題と同様、すべての結節点に数字を書き入れていく。

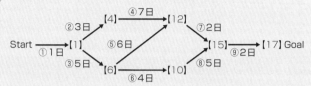

(問1)⑦の前には【12】と記入されることから、⑦の作業は①の作業開始から13日後に始めることになる。12日後ではないことに注意。

(問2) Goalには【17】と記入されることから、最短で17日で完了する。

解答　(問1) D　(問2) E

2 例題と同様、すべての結節点に数字を書き入れていく。

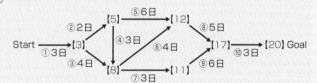

(問1)⑧の前には【12】と記入されることから、⑧の作業は①の作業開始から13日後に始めることになる。12日後ではないことに注意。

(問2)⑧の作業開始までに12日かかり、⑧の作業自体は5日かかるので、⑧の作業が終わるまでは17日かかる。
また、⑨の作業開始までに11日かかり、⑨の作業自体は6日かかるので、⑨の作業が終わるまでは17日かかる。
よって⑧と⑨は同時に終了する。

解答　(問1) D　(問2) A

25 不等式と領域

難易度　　　　　★ ★ ★ ★ ★
ペーパーテスト頻出度 ★ ★ ★
テストセンター頻出度 ★ ★ ★

座標平面上で、直線や曲線によって区切られた領域を複数の不等
式で表す問題。境界線の上か下か、右か左かの判断ができればよい。

正解率 **93**%

例題

次の３つの式によって示される直線や曲線によって、平面は９つの領域に
分けられる。

ア：$y = x^2 - 4$
イ：$y = 2$
ウ：$y = x - 2$

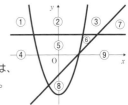

問1

次の３つの不等式によって表される領域は、
①〜⑨のどれか。**A**〜**I**から１つ選びなさい。

ア'：$y > x^2 - 4$
イ'：$y < 2$
ウ'：$y > x - 2$

A ①③　　　**B** ④⑨　　　**C** ⑤　　　**D** ⑤⑧　　　**E** ②⑤⑧
F ⑦⑧　　　**G** ⑨　　　**H** ⑦⑨　　　**I** **A**〜**H**のいずれでもない

問2

ア〜ウの式の等号をすべて不等号に変えて④⑥の領域を表すには、ア
〜ウのどれを左開きの不等号（＞）に変えればよいか。**A**〜**I**から１つ選
びなさい。

A アだけ　　**B** イだけ　　**C** ウだけ　　**D** アとイ　　　**E** アとウ
F イとウ　　**G** アとイとウ　　**H** ない（すべて右開き）
I **A**〜**H**のいずれでもない

す ば や く 解 く コ ツ

★不等号が y のほうに開いていれば（「$y >$」の形）、境界線の**上方**、y のほ
うに閉じていれば（「$y <$」の形）、境界線の**下方**になる。

★複数の不等式が示す領域は、それぞれの領域の「重なった部分」になる。

★どの領域だかわからなくなったら、具体的な座標（たとえば (0、0)、(1、0)
など）を代入して、不等式が成り立つかどうか確認すればよい。

▶例題解説

STEP-❶

どの式がどのグラフなのかを確定させる。

ア：$y = x^2 - 4$

イ：$y = 2$

ウ：$y = x - 2$

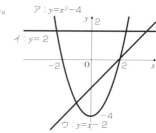

STEP-❷

(問1)ア〜ウの不等式が表す領域を考える。

ア'：$y > x^2 - 4$ ②⑤⑧　イ'：$y < 2$ ④⑤⑥⑧⑨　ウ'：$y > x - 2$ ①②③④⑤⑥

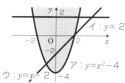 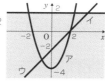 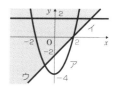

共通する領域は、⑤と決まる。

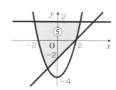

STEP-❸

(問2)④⑥の領域は、

ア：$y = x^2 - 4$よりも下方なので、$y < x^2 - 4$

イ：$y = 2$よりも下方なので、$y < 2$

ウ：$y = x - 2$よりも上方なので、$y > x - 2$

したがって、左開きは「ウのみ」と決まる。

解答 (問1)C (問2)C

1 次の３つの式によって示される直線
や曲線と座標軸によって、平面は９つ
の領域に分けられる。

ア：$y = \dfrac{1}{x}$

イ：$x = 0$

ウ：$y = -x^2$

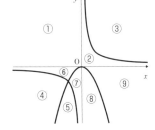

問 次の３つの不等式によって表される
領域は、①〜⑨のどれか。**A**〜**I**から
１つ選びなさい。

ア'：$y < \dfrac{1}{x}$

イ'：$x > 0$

ウ'：$y > -x^2$

A ①② **B** ②⑨ **C** ⑦⑧ **D** ③ **E** ⑤

F ④⑦ **G** ⑥⑨ **H** ⑧ **I** **A**〜**H**のいずれでもない

---

2 次の３つの式によって示される直線や曲線によって、平面は９つの領
域に分けられる。

ア：$y = x - 2$

イ：$x = y^2$

ウ：$y = -x + 2$

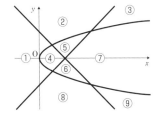

問1 次の３つの不等式によって表される
領域は、①〜⑨のどれか。**A**〜**I**から
１つ選びなさい。

ア'：$y > x - 2$

イ'：$x > y^2$

ウ'：$y < -x + 2$

A ① **B** ④ **C** ⑤⑦ **D** ⑥⑦ **E** ⑦

F ③ **G** ②⑤ **H** ①⑦ **I** **A**〜**H**のいずれでもない

問2 ア〜ウの式の等号をすべて不等号に変えて⑧の領域を表すには、どれ
を左開きの不等号（＞）に変えればよいか。**A**〜**I**から１つ選びなさい。

A アだけ **B** イだけ **C** ウだけ **D** アとイ **E** アとウ

F イとウ **G** アとイとウ **H** ない（すべて右開き）

I **A**〜**H**のいずれでもない

▶練習問題解説

1 まず、どの式がどのグラフなのかを確定させる。イ：$x = 0$ は y 軸のことである（x 軸ではない）。

アʼ：$y < \dfrac{1}{x}$ は、②④⑤⑧⑨

イʼ：$x > 0$ は、②③⑧⑨

ウʼ：$y > -x^2$ は、①②③④⑥⑨

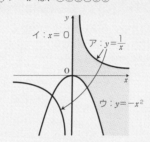

したがって、共通するのは②⑨と決まる。

解答	B

2 まず、どの式がどのグラフなのかを確定させる。

(問1) アʼ：$y > x - 2$ は①②④⑤

イʼ：$x > y^2$ は④⑤⑥⑦

ウʼ：$y < -x + 2$ は①④⑥⑧なので、

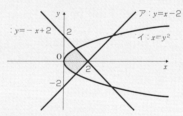

したがって、共通するのは④と決まる。

(問2) ⑧は、

ア：$y = x - 2$ よりも下方なので $y < x - 2$

イ：$x = y^2$ よりも左方なので $x < y^2$

ウ：$y = -x + 2$ よりも下方なので $y < -x + 2$

したがって、「すべて右開き」と決まる。

解答	(問1) B (問2) H

26 資料の読み取り（構成比）

難易度	★ ★ ★ ★
ペーパーテスト頻出度	★ ★ ★
テストセンター頻出度	★ ★ ★

与えられた資料で、構成比から実数を求めたり、逆に実数から構成比を求めたりする問題。比を使うと複雑な計算を避けられる。

正解率 **62**%

▶ 例 題

大学生を対象に「よく観る動画のジャンルを1つ教えてください」というアンケートを実施したところ、次のような結果になった。なお、複数のジャンルに回答した学生や無回答の学生はいない。

	人数（人）	構成比（%）
バラエティ		56
ドラマ		
スポーツ	30	12
音楽	20	
ニュース	15	
合計		100

問1　バラエティをよく観ると回答した学生は何人いたか。A～Iから1つ選びなさい。

A　70人　　B　84人　　C　98人　　D　112人　　E　126人
F　140人　　G　154人　　H　168人　　I　A～Hのいずれでもない

問2　ドラマをよく観ると回答した学生の構成比は何%か。A～Iから1つ選びなさい。

A　15%　　B　16%　　C　17%　　D　18%　　E　19%
F　20%　　G　21%　　H　22%　　I　A～Hのいずれでもない

す ば や く 解 く コ ツ

★構成比とは、全体に占める、その項目の個数の割合のことである。百分率（%）での表示が多いが、計算の際は分数・小数に臨機応変に直してよい。
★≪構成比＝その項目÷全体≫という関係から、≪全体＝その項目÷構成比≫で全体が求められる。まずは人数などの「数値」と「構成比」の両方が揃っているところに注目し、「数値」と「構成比」の関係を比で表すとよい。

例題解説

STEP-❶

人数と構成比の両方が揃っている「スポーツ」の欄から、「人数」：「構成比」
＝30：12＝5：2であることがわかる。

	人数(人)	構成比(%)
スポーツ	30	12

STEP-❷

人数と構成比の関係から全体(合計)を求めると
「人数」：「構成比」＝5：2＝○：100より、全体が250人と決まる。

	人数(人)	構成比(%)
スポーツ	30	12
合計	250	100

STEP-❸

(問1)バラエティの人数は、**250×0.56＝140人**と決まる。

	人数(人)	構成比(%)
バラエティ	140	56
スポーツ	30	12
合計	250	100

STEP-❹

(問2)ドラマの人数は、**250－(140＋30＋20＋15)＝45人**なので、
その構成比は、**45÷250＝0.18＝18%**と決まる。

	人数(人)	構成比(%)
バラエティ	140	56
ドラマ	45	18
スポーツ	30	12
音楽	20	8
ニュース	15	6
合計	250	100

解答　(問1) F (問2) D

1 次の表は、あるプロ野球チームにおける１シーズンの、１番〜５番打者の安打数と総安打数に占める割合（構成比）をまとめたものである。

	安打数	構成比
１番打者	168	
２番打者		19.2
３番打者	135	18.0
４番打者		
５番打者	141	18.8
合計		100.0

問1 ２番打者の安打数は何本か。A〜Iから１つ選びなさい。

A 138本　　B 139本　　C 140本　　D 141本　　E 142本
F 143本　　G 144本　　H 145本　　I A〜Hのいずれでもない

問2 ４番打者の安打の構成比は何％か。A〜Iから１つ選びなさい。

A 21.2%　　B 21.3%　　C 21.4%　　D 21.5%　　E 21.6%
F 21.7%　　G 21.8%　　H 21.9%　　I A〜Hのいずれでもない

2 次の表は、進学塾P、Q、Rに通学する中学生の生徒数と学年ごとの構成比を集計したものである。

	P塾	Q塾	R塾
合計人数		60人	50人
１年生	16%	20%	14%
２年生	24%		16%
３年生	60%		70%

問1 P塾の１年生が12人のときP塾の３年生は何人か。A〜Iから１つ選びなさい。

A 40人　　B 41人　　C 42人　　D 43人　　E 44人
F 45人　　G 46人　　H 47人　　I A〜Hのいずれでもない

問2 Q塾の２年生の人数とR塾の１年生と２年生の合計した人数が等しいとき、Q塾の２年生の構成比は何％か。A〜Iから１つ選びなさい。

A 15%　　B 20%　　C 25%　　D 30%　　E 35%
F 40%　　G 45%　　H 50%　　I A〜Hのいずれでもない

▶**練習問題解説**

1

(問1)まずは安打数と構成比が揃っている3番打者に注目する。135：18＝15：2から、構成比の数字を7.5倍すると安打数になり、安打数を7.5で割ると構成比になることがわかる。2番打者の構成比の数字が19.2であるから、安打数は19.2×7.5＝144本と決まる。

	安打数（本）	構成比（%）
1番打者	168	22.4
2番打者	144	19.2
3番打者	135	18.0
4番打者	162	21.6
5番打者	141	18.8
合　計	750	100.0

(問2)構成比×7.5＝安打数、安打数÷7.5＝構成比、の関係を使って、表の空欄を埋めていく。まず、安打数の合計は100×7.5＝750本。次に、4番打者の安打数は、問1の結果より2番打者の安打数が144本なので、750－(168＋144＋135＋141)＝162本。最後に4番打者の構成比を求めると、162÷7.5＝21.6%と決まる。

解答　(問1)G (問2)E

2

(問1)P塾について、1年生が12人なので、P塾の構成比と人数の数字の関係は、16：12＝4：3になっている。
したがって4：3＝60：(P塾の3年生の人数)より、P塾の3年生の人数は45人と決まる。

(問2)R塾の1年生と2年生の構成比の合計は14＋16＝30%となるので、人数は50×0.3＝15人とわかる。よって、Q塾の2年生は15人になるので、構成比は15÷60＝0.25＝25%と決まる。

解答　(問1)F (問2)C

27 資料の読み取り（分布）

難易度	★ ★ ★ ★ ★
ペーパーテスト頻出度	★ ★ ★
テストセンター頻出度	★ ★ ★

表でまとめられたデータから、平均点や構成比などを求める問題。
計算そのものは簡易であるが、数え間違いや見落としをしやすい。

正解率 57%

例 題

次の表は、高校のあるクラスで実施した、数学と国語の試験の成績である。

		数　　学				
		0～20点	21～40点	41～60点	61～80点	81～100点
国語	0～20点	1				
	21～40点	1	1		1	
	41～60点		4	5	2	1
	61～80点	1	2	7	4	1
	81～100点		1		5	3

(人)

問1

数学が41点以上で、国語が61点以上の学生は、クラス全体の何パーセントを占めるか。A～Iから1つ選びなさい。なお、一の位を四捨五入して答えなさい。

A 10%　　B 20%　　C 30%　　D 40%　　E 50%
F 60%　　G 70%　　H 80%　　I A～Hのいずれでもない

問2

数学で61～80点を取った学生の、国語の平均点としてあり得るものの正しい組合せはどれか。A～Iから1つ選びなさい。

ア　55点　60点　65点　70点
イ　59点　64点　69点　74点
ウ　63点　68点　73点　78点
エ　67点　72点　77点　82点

A アのみ　　B イのみ　　C ウのみ　　D エのみ　　E アとイ
F イとウ　　G ウとエ　　H アとイとウ　　I A～Hのいずれでもない

す　ば　や　く　解　く　コ　ツ

★「まんなかの値」は必ずしも「平均点」ではないから、可能性（幅）を考えるのであれば、最低点と最高点の両方を求めなければならない。

例題解説

STEP-❶

まず、クラスの学生の総数を出しておく。
表中の人数をすべて足すと40人となる。

STEP-❷

(問1)数学が41点以上で、国語が61点以上の学生は、下表のグレー部分なので、7＋5＋4＋3＋1＝20人となって、

クラス全体40人の$\dfrac{20}{40}＝\dfrac{1}{2}＝0.5＝50$%と決まる。

		数　学				
		0～20点	21～40点	41～60点	61～80点	81～100点
国語	0～20点	1				
	21～40点	1	1		1	
	41～60点		4	5	2	1
	61～80点	1	2	7	4	1
	81～100点		1	5	3	

(人)

STEP-❸

数学で61～80点を取った学生なので（表の色文字部分）、その合計は10人とわかる。
(問2)この10人が国語を受験し、それぞれの点数区分において全員が**最高点**を取ったとすると、

$$\left.\begin{array}{l} 40×1＝　40 \\ 60×2＝120 \\ 80×4＝320 \\ 100×3＝300 \end{array}\right\}$$ 合計40＋120＋320＋300＝780点なので、
平均は、780÷10＝78点となる。

STEP-❹

この10人が国語の各点数区分でそれぞれ**最低点**を取ったとすると、

$$\left.\begin{array}{l} 21×1＝　21 \\ 41×2＝　82 \\ 61×4＝244 \\ 81×3＝243 \end{array}\right\}$$ 合計21＋82＋244＋243＝590点なので、
平均は、590÷10＝59点となる。

STEP-❺

平均点として考えられるのは、59点から78点の範囲内なので、イとウに決まる。

解答 (問1) E (問2) F

次の表は、会社員50人に、通勤時間と主たる交通手段についてアンケートを行った結果をまとめたものである。なお、通勤時間は切り上げて「分」単位で算出し、複数の交通手段を使っている場合は、利用時間の最も長い交通手段に入れて集計している。

通勤時間	徒歩	バス	電車	自家用車
1分～30分	2		2	3
31分～60分	1	5	9	4
61分～90分		3	16	2
91分～			3	

(人)

問1

通勤時間が31分～90分の会社員は何人いたか。A～Iから1つ選びなさい。

A 36人　　B 37人　　C 38人　　D 39人　　E 40人
F 41人　　G 42人　　H 43人　　I A～Hのいずれでもない

問2

電車または自家用車の利用者で、通勤時間が60分以下の人数は全体の何%か。A～Iから1つ選びなさい。

A 36%　　B 38%　　C 40%　　D 42%　　E 44%
F 46%　　G 48%　　H 50%　　I A～Hのいずれでもない

問3

バスまたは電車の利用者で、通勤時間が60分以下の人数は全体の何%か。A～Iから1つ選びなさい。

A 20%　　B 22%　　C 24%　　D 26%　　E 28%
F 30%　　G 32%　　H 34%　　I A～Hのいずれでもない

問4

バスの利用者の平均通勤時間としてあり得るものを正しく組み合わせたものはどれか。A～Iから1つ選びなさい。

ア　40分　50分　60分
イ　46分　56分　66分
ウ　52分　62分　72分
エ　58分　68分　78分

A アのみ　　B イのみ　　C ウのみ　　D エのみ　　E アとイ
F イとウ　　G ウとエ　　H イとウとエ　　I A～Hのいずれでもない

非言語能力検査　資料の読み取り（分布）

▶ **練習問題解説**

1 **(問1)**通勤時間が「31分〜60分」の人と「61分〜90分」の人を合計すると、1＋5＋9＋4＋3＋16＋2＝40人と決まる。

(問2)通勤時間が「〜30分」「31分〜60分」でかつ電車または自家用車を利用している人の合計は、2＋9＋3＋4＝18人なので、50人中の

18人＝$\frac{18}{50}$＝0.36＝36%

と決まる。

(問3)通勤時間が「〜30分」「31分〜60分」でかつバスまたは電車を利用している人の合計は、2＋5＋9＝16人なので、50人中の

16人＝$\frac{16}{50}$＝0.32＝32%と決まる。

(問4)最大で(60×5＋90×3)÷8＝570÷8＝71.25、
最小で(31×5＋61×3)÷8＝338÷8＝42.25であるから、
イ(46分、56分、66分)のみ、と決まる。

> **解答**　(問1)E (問2)A (問3)G (問4)B

得点を次のように集計した表もよく出題される。

		計算テスト					
		0点	1点	2点	3点	4点	5点
漢字テスト	0点			1		1	
	1点	1	2		4		
	2点	3	5	4	6	7	1
	3点		7	13	21	8	2
	4点		1	6	32	11	4
	5点		2	8	4	7	4

この集計表を読み取って、漢字テストが5点だった生徒の、計算テストの平均点を求めてみよう。
[解説]漢字テストが5点だった生徒は、2＋8＋4＋7＋4＝25人なので、

$\frac{1×2＋2×8＋3×4＋4×7＋5×4}{25}$＝78÷25＝3.12≒3.1点と決まる。

条件を満たす個数の組み合わせを、座標平面上のドット（格子点）で表した問題。方程式から（ある程度）正確に直線が描ければよい。

正解率 **78%**

例題

ある小さなレストランでは、次の条件を満たすように、毎日肉料理と魚料理の下準備をしている。

条件① 肉料理は8食以上
条件② 魚料理は4食以上
条件③ 肉料理と魚料理の
合計は20食以下
条件④ 魚料理は10食以下

横軸に肉料理、縦軸に魚料理をとって図示すると、条件にあてはまる組み合わせは図中のドットで表される。

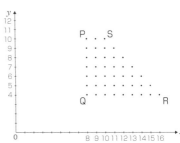

問1 図中の点Rと点Sを結ぶ直線はどの条件で決まるか。**A〜E**から1つ選びなさい。

A 条件①　　B 条件②　　C 条件③　　D 条件④
E **A〜D**のいずれでもない

問2 肉料理の原価が1食あたり3000円、魚料理の原価が1食あたり2000円とすると、原価の合計が最も高い点はどれか。**A〜E**から1つ選びなさい。

A 点P　　B 点Q　　C 点R　　D 点S
E 1つの点に絞り切れない

す　ば　や　く　解　く　コ　ツ

★条件を直線の方程式で表して、座標平面に書き込んでみればよい。

例題解説

STEP-❶

条件の領域を不等式で表しておく。肉料理が x 軸、魚料理が y 軸である。

条件① $x \geqq 8$　直線 $x = 8$ の右方
条件② $y \geqq 4$　直線 $y = 4$ の上方
条件③ $x + y \leqq 20$　∴　$y \leqq -x + 20$　直線 $y = -x + 20$ の下方
条件④ $y \leqq 10$　直線 $y = 10$ の下方

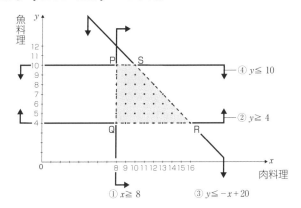

STEP-❷

(問1)点Rと点Sは直線 $y = -x + 20$ 上にあるので、条件③と決まる。

STEP-❸

(問2)合計金額が最大になるのは、合計食数が最も多い直線RS上の1点のはずである。このうち高い食材(肉料理)が最も多い点Rで合計金額が最大となる。

| 解答 | (問1) C　(問2) C |

1 ある工場では、次の条件を満たすように、男性と女性の従業員を採用する予定である。

条件① 女性は20人以上
条件② 男性は10人以上
条件③ 男性と女性の合計が100人以下
条件④ 女性は80人以下

横軸に女性、縦軸に男性をとると、その組み合わせは右の四角形内部（境界含む）となる。

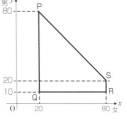

問1 図中の点Rと点Sを結ぶ直線はどの条件で決まるか。A〜Eから1つ選びなさい。

A 条件①　　B 条件②　　C 条件③
D 条件④　　　E A〜Dのいずれでもない

問2 ここで、新たに条件⑤「男性は女性と同数以下」を加えると、条件を満たす組み合わせはどのような図形になるか。A〜Eから1つ選びなさい。

2 祝勝会用に、アルコール飲料とノン・アルコール飲料を、次の条件で用意することになった。

条件① 両方とも50本以上
条件② 合計160本以下

横軸にアルコール飲料、縦軸にノン・アルコール飲料をとると、条件にあてはまる組み合わせは右の三角形の内部となる（境界含む）。

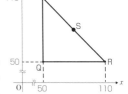

問1 アルコール飲料の方がノン・アルコール飲料に較べて単価が高いとすると、図中の点P〜点Sのうち最も金額が高い点はどこか。A〜Iから1つ選びなさい。なお、点Sは点Pと点Rの中点である。

A 点P　　B 点Q　　C 点R　　D 点S
E 点Pと点R F 点Pと点S G 点Rと点S H 点Pと点Qと点S
I A〜Hのいずれでもない

問2 ここで、新たに条件③「合計130本以上」を加えると、条件を満たす組み合わせはどのような図形になるか。A〜Eから1つ選びなさい。

▶**練習問題解説**

1 (問1) 条件①は $x \geqq 20$
条件②は $y \geqq 10$
条件③は $x + y \leqq 100$ ∴ $y \leqq -x + 100$
条件④は $x \leqq 80$ なので、点Rと点Sを結ぶ直線は条件④で決まる。

(問2) 条件⑤は $y \leqq x$ なので、Eと決まる。

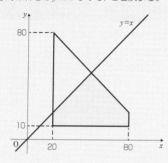

解答 (問1) D (問2) E

2 (問1) 条件①は $x \geqq 50$、$y \geqq 50$
条件②は $x + y \leqq 160$ ∴ $y \leqq -x + 160$
合計本数が多ければ多いほど合計金額は高くなるので、最も金額が高くなるのは直線PR上の点ということがわかる。
設問の条件より、合計本数が等しければ「アルコール飲料が多い」＝「x が大きい」ほど合計金額は大きくなるから、点Rが最大になると決まる。

(問2) 条件③は $x + y \geqq 130$ ∴ $y \geqq -x + 130$ なので、条件①〜③を満たすのは図のグレーの部分となり、Dと決まる。
グラフ中の「〻」を省略せずに（なるべく長さを正確に）書き直すと次のようになる。

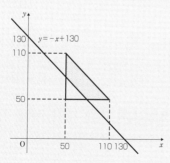

解答 (問1) C (問2) D

難易度	★ ★ ★ ★ ★
ペーパーテスト頻出度	★ ★ ★
テストセンター頻出度	★ ★ ★

人や物がどのように流れていくかを求める問題。矢印の根元の数字（文字）に矢印の脇の割合を掛けていく。合流する場合は「足す」。

正解率 **41%**

例 題

合同企業説明会会場において、学生がどのように企業のブースを見て回るかを調査したところ、各社の訪問者数について下図のような関係が判明した。

大文字（W〜Z）は参加企業のブースを、矢印脇の小文字（a〜d）は移動した学生の割合を表している。たとえば、W社のブースを訪問した学生のうちaの割合の学生が、Y社のブースを訪れている。

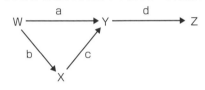

問1

Zを、Wとの比率で表すとどのような式になるか。正しい組み合わせを、A〜Iから1つ選びなさい。

- ア　$Z = (a + bc + d)W$
- イ　$Z = abcdW$
- ウ　$Z = (a + bc)dW$
- エ　$Z = (ab + c)dW$

A アのみ	**B** イのみ	**C** ウのみ	**D** エのみ	**E** アとイ
F アとウ	**G** イとウ	**H** ウとエ	**I** A〜Hのいずれでもない	

問2

$a = 0.3$、$b = 0.6$、$c = 0.9$、$d = 0.5$とすると、W社のブースを訪れた学生の何%がZ社のブースを訪れたか。A〜Iから1つ選びなさい。

A 14%	**B** 21%	**C** 28%	**D** 35%	**E** 42%
F 49%	**G** 56%	**H** 63%	**I** A〜Hのいずれでもない	

す ば や く 解 く コ ツ

★経路が続くときは「掛ける」、合流するときは「足す」。

▶例題解説

STEP-❶

(問1)まず、経路が何本あるかを確認する。その本数が式の中の「項」の数になる。WからZへの経路は**2つある**（W→Y→ZとW→X→Y→Z）ので、2つの項の和になっていなければならない。

アは3つの項、イは1つの項しかないときに考えられる式なので、式の内容を吟味するまでもなく誤り。

STEP-❷

次に、「足す」のか「掛ける」のかを吟味する。**経路が連続しているときは「掛ける」、経路が集まっているときは「足す」。**

aとdは連続しているので「掛ける」（ad）、

bとcとdは連続しているので「掛ける」（bcd）。

STEP-❸

adの経路とbcdの経路は集まっているので「足す」。

したがって**ad＋bcd＝(a＋bc)d**となるので、**Z＝(a＋bc)dW**と決まる。

STEP-❹

(問2)W＝100とおいて計算していくと、Z＝42と決まる。

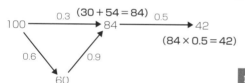

解答 (問1) C (問2) E

覚えておこう

P社を訪れた学生のうち、比率にしてaがQ社を、Q社を訪れた学生のうち比率にしてbがR社を訪れた場合、R＝bQが成り立ち（もともとQ＝aPが成り立つことからこれを代入すると）、R＝b（aP）＝abPが成り立つ。

P ─── a ──→ Q ─── b ──→ R

P社を訪れた学生のうち比率にしてaがR社を、Q社を訪れた学生のうち比率にしてbがR社を訪れた場合、R＝aP＋bQが成り立つ。

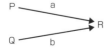

1 B級グルメ日本一を決めるイベントで、店舗V〜Zの訪問者数を調査したところ次の図のような関係がわかった。大文字は店舗を表し、小文字は各店舗からどれくらいの割合の訪問者が移動したかを示している。

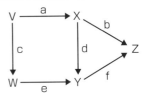

問1 Zを表した式はどれか。正しい組み合わせをA〜Iから1つ選びなさい。

　ア　Z＝bX＋fY
　イ　Z＝bX＋cefV
　ウ　Z＝abV＋(ad＋ce)Y
　エ　Z＝(ab＋adf＋cef)V

A　アのみ　　　B　イのみ　　　C　ウのみ　　　D　エのみ　　　E　アとイ
F　アとエ　　　G　イとウ　　　H　ウとエ　　　I　A〜Hのいずれでもない

問2 a＝0.4、b＝0.3、c＝0.6、d＝0.7、e＝0.8、f＝0.5とすると、店舗Vを訪れた客の何%が店舗Zを訪れたか。A〜Iから1つ選びなさい。

A　15%　　　B　20%　　　C　25%　　　D　30%　　　E　35%
F　40%　　　G　45%　　　H　50%　　　I　A〜Hのいずれでもない

2 巨大な公園には、東口(E)と西口(W)があり、南と北に丘があって(南山（S）と北山（N）)、この4か所のいずれかでスタンプをもらって食堂で提示すると、割引が受けられる。

ある日のスタンプを集計したところ、西口から200人、東口から100人の来場者があり、北山には全部で80人の来場者があったが、そのうち西口経由で北山に来た人は20人だったことがわかった。

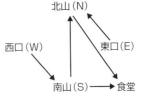

問1 東口から入った来場者のうち、何%が北山にやって来たか。A〜Iから1つ選びなさい。

A　18%　　　B　24%　　　C　30%　　　D　36%　　　E　42%
F　48%　　　G　54%　　　H　60%　　　I　A〜Hのいずれでもない

問2 西口→南山、北山→食堂、南山→食堂、の割合がすべて70%だったとすると、食堂には何人の来場者があったか。A〜Iから1つ選びなさい。

A　102人　　B　124人　　C　154人　　D　184人　　E　204人
F　224人　　G　244人　　H　264人　　I　A〜Hのいずれでもない

▶**練習問題解説**

1

(問1) ア **正しい** Xから比率b(bX)、Yから比率f(fY)が合流する。
　　 イ **誤り** dfXが不足している。
　　 ウ **誤り** 矢印の根元の数字(文字)に矢印の脇の割合を掛けなければいけないから、(ad+ce)に掛けるのはYではなくfとV。
　　 エ **正しい** Vからの経路は、V→X→Z、V→X→Y→Z、V→W→Y→Zの三系統あり、これらの比率は順に、ab、adf、cefなので、この3つを足してから、起点のVを掛ければよい(Z=(ad + adf + cef)V)。

(問2)図の中に比率を書き入れ、V = 100とおいて計算していく。

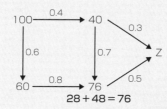

$$100 \xrightarrow{0.4} 40$$

28 + 48 = 76

したがって、Z = 40 × 0.3 + 76 × 0.5 = 12 + 38 = 50%と決まる。

解答	(問1) F (問2) H

2

(問1)東口から北山に来たのは80 − 20 = 60人なので、

$\dfrac{60}{100}$ = 0.6 = 60%と決まる。

(問2)200 × 0.7 = 140、56 + 140 × 0.7 = 56 + 98 = 154人と決まる。

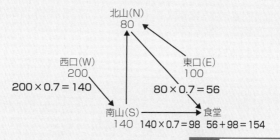

北山(N)
80

西口(W)
200
200 × 0.7 = 140

東口(E)
100
80 × 0.7 = 56

南山(S)
140　140 × 0.7 = 98　56 + 98 = 154
食堂

解答	(問1) H (問2) C

ブラックボックス

中で何かの演算（変換）をして、出力する「中の見えない箱」（ブラックボックス）に関する問題。例を参考に演算を推測しよう。

正解率 **58%**

例 題

次のような2種類のブラックボックス、XとYがある。

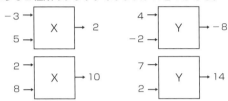

このブラックボックスを組み合わせて、次のような回路を作った。

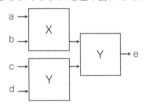

問1 a＝3、b＝－6、c＝－2、d＝－5を入力すると、eからは何が出力されるか。A～Iから1つ選びなさい。

| A | － 30 | B | － 15 | C | － 7 | D | 0 | E | 3 |
| F | 13 | G | 24 | H | 32 | I | A～Hのいずれでもない |

問2 a＝8、b＝－9、d＝4を入力したところ、eからは「－12」が出力された。cに何を入力したか。A～Iから1つ選びなさい。

| A | － 10 | B | － 8 | C | 0 | D | 1 | E | 3 |
| F | 8 | G | 10 | H | 18 | I | A～Hのいずれでもない |

す ば や く 解 く コ ツ

★数字の場合は、和・差・積・商、余り、べき数（累乗）など、わかりやすい演算がほとんどなので、いろいろと試行錯誤して見つけ出そう。

▶例題解説

STEP-❶

まず、ブラックボックスの「演算」を推測する。

Xは、−3と5で2、2と8で10、なので、「和」(足し算)ではないかと推測できる。またYは、4と−2で−8、7と2で14、なので、「積」(掛け算)ではないかと推測できる。

STEP-❷

(問1)上の推測を用いて回路に数字を入力する。

Xにa＝3、b＝−6を入力すると、3＋(−6)＝−3

Y_1にc＝−2、d＝−5を入力すると、(−2)×(−5)＝10

Y_2に−3と10を入力すると、(−3)×10＝−30が出力される。

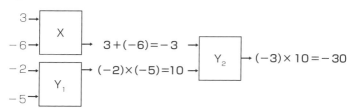

STEP-❸

(問2)Xにa＝8、b＝−9を入力すると、8＋(−9)＝−1が出力される。

Y_2に−1とY_1からの出力結果を入力したところ −12になったということから、Y_1からの出力結果が12であったことがわかる。

Y_1には、cと4を入力して12が出力されたのであるから、c＝3と決まる。

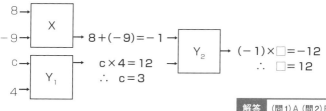

解答　(問1)A (問2)E

覚えておこう

ブラックボックスの演算はあくまでも推測であり、決定ではない(他の演算でも成立する可能性がある)。例示された条件をすべて満たすのであればどのような演算でもよいが、一番簡単なものを試すのが実戦的と言える。

1 次のような3種類のブラックボックスXとYとZがある。

このブラックボックスを組み合わせて、次のような回路を作った。

```
a ─┐
b ─┤ X ─┐
c ──────┤ Z ─┐
d ─┐     └ X ─ f
e ─┤ Y ──────┘
```

問1 a=2、b=3、c=−4、d=−9、e=7を入力すると、fからは何が出力されるか。**A**〜**I**から1つ選びなさい。

A −36 　　B −20 　　C −4 　　D 5 　　E 16
F 20 　　G 36 　　H 72 　　I A〜Hのいずれでもない

問2 a=4、b=−1、d=5、e=−8を入力したところ、fからは「13」が出力された。cには何を入力したか。**A**〜**I**から1つ選びなさい。

A −1 　　B 0 　　C 1 　　D 3 　　E 9
F 11 　　G 13 　　H 19 　　I A〜Hのいずれでもない

---

2 次のような3種類のブラックボックスNとXとYがある。

```
0 ─┤ N ├─ 1      0 ─┐ X ├─ 0      0 ─┐ Y ├─ 0
                  0 ─┘              0 ─┘
1 ─┤ N ├─ 0      0 ─┐ X ├─ 0      0 ─┐ Y ├─ 1
                  1 ─┘              1 ─┘
                 1 ─┐ X ├─ 0      1 ─┐ Y ├─ 1
                  0 ─┘              0 ─┘
                 1 ─┐ X ├─ 1      1 ─┐ Y ├─ 1
                  1 ─┘              1 ─┘
```

このブラックボックスを組み合わせて、次のような回路を作った。

```
a ─┐
b ─┤ X ─ N ─┐
c ─┐         ┤ X ─ N ─ e
d ─┤ Y ─────┘
```

問1 a=1、b=0、c=0、d=1を入力すると、eからは何が出力されるか。**A**〜**D**から1つ選びなさい。

A 0 　　B 1 　　C 0か1だが確定しない 　　D A〜Cのいずれでもない

問2 c=0、d=1を入力したところ、eからは「1」が出力された。(a, b)にはどの数値を入力したか。**A**〜**I**から1つ選びなさい。

A (0、0)のみ 　　B (0、1)のみ 　　C (1、0)のみ 　　D (1、1)のみ
E (0、0)か(0、1) 　　F (0、0)か(1、0) 　　G (1、0)か(1、1)
H (0、1)か(1、1) 　　I A〜Hのいずれでもない

▶練習問題解説

1 ブラックボックスの中の「演算」を推測すると、Xは「和」（足し算）、Yは「差」（引き算の絶対値）、Zは「積」（掛け算）とわかる。
(問1)数値を入力すると次のようになる。

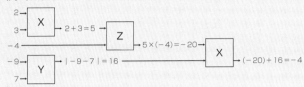

(問2)数値を入力すると次のようになる。

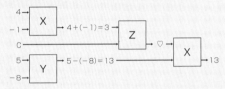

fの前のブラックボックスには♡と13が入力され、13が出力されているので、♡+13＝13 ∴ ♡＝0
Zに3とcを入力して0が出力されているので、 3×c＝0
∴ c＝0 と決まる。

解答 (問1)C (問2)B

2 Nは「否定」（反対の数値になる）、Xは「論理積」（掛け算）、Yは「論理和」（どちらかが1なら1）のブラックボックスである。
(問1)数値を入力すると次のようになる。

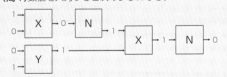

(問2)逆に入れていくと、1を出力するXは(a、b)＝(1、1)しかないことがわかる。

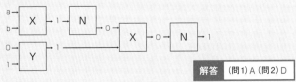

解答 (問1)A (問2)D

31 記数法

難易度	★ ★ ★ ★ ★
ペーパーテスト頻出度	★ ★ ★
テストセンター頻出度	★ ★ ★

「10進法」から「n進法」へ、「n進法」から「10進法」へ変換する計算問題。記数法の仕組みと計算方法をマスターしよう。

正解率 38%

例 題

2進法で表された101と、3進法で表された112がある。

問1

2進法で表された101を10進法で表すとどうなるか。A～Iから1つ選びなさい。

A 3   B 4   C 5   D 6   E 7
F 8   G 9   H 10   I A～Hのいずれでもない

問2

この2つの数の和を4進法で表すとどうなるか。A～Iから1つ選びなさい。

A 100   B 103   C 111   D 112   E 113
F 120   G 122   H 123   I A～Hのいずれでもない

す ば や く 解 く コ ツ

★10進法（2進法・3進法）で表された数を10進数（2進数・3進数）という。どの記数法で表記されたか区別をつけるために、右下に小さく(10)、(2)、(3)と書き添える習慣がある（ただし、読まない。10進法の(10)は通常は省くことになっている）。

★10進法は、右から左に、一の位（10^0の位）、十の位（10^1の位）、百の位（10^2の位）、千の位（10^3の位）、…となっている。たとえば「152(10)」は、1が2つと10が5つと100が1つの和なので、1×2＋10×5＋100×1＝152である。

★2進法は、右から左に、1の位（2^0の位）、2の位（2^1の位）、4の位（2^2の位）、8の位（2^3の位）、…となっている。

★3進法も同様に、右から左に、1の位（3^0の位）、3の位（3^1の位）、9の位（3^2の位）、27の位（3^3の位）、…となっている。

★10進法以外の記数法で表記された数を10進数に変換するには、10進法と同様に、各位が「何の位か」を考えて、そこに書かれている数字を掛けて、和を求めればよい。

★10進数を他の記数法に変換するには、たとえば4進法だったら4で割っていって、商を下に、余りを右に書いておき、割れなくなるまで割り続ける。割り切れたら「0」を書いておき、最後に「下から」書き並べておけばよい。

例題解説

STEP-❶
(問1)2進法の$101_{(2)}$を10進法で表す。

2進法では、右から1の位、2の位、4の位、8の位、……となっている。

つまり、$101_{(2)}$は、1が1つ、2が0、4が1つ集まった数である。

$2^2(=4)$の位	$2^1(=2)$の位	$2^0(=1)$の位
1	0	1

したがって、$101_{(2)}$を10進法で表すと、**$1×1+2×0+4×1=5$**となる。

STEP-❷
(問2)まず3進法の$112_{(3)}$を10進法で表す。

3進法では、右から1の位、3の位、9の位、27の位、……となっている。

つまり、$112_{(3)}$は、1が2つ、3が1つ、9が1つ集まった数である。

$3^2(=9)$の位	$3^1(=3)$の位	$3^0(=1)$の位
1	1	2

したがって、$112_{(3)}$を10進法で表すと、**$1×2+3×1+9×1=14$**となる。

STEP-❸
$101_{(2)}$と$112_{(3)}$の和を求める。

$101_{(2)}=5$、$112_{(3)}=14$なので、和は**$5+14=19$**となる。

STEP-❹
19を4進法で表す。

19を4で割っていき、余りを脇に書いておく。

割り切れたら「0」を忘れずに書いておく。

最後に、下から数字を書き並べると、$103_{(4)}$と

決まる。

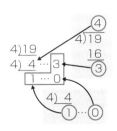

解答	(問1)C (問2)B

32 発車時刻

難易度	★ ★ ★ ★ ★
ペーパーテスト頻出度	★ ★ ★
テストセンター頻出度	★ ★ ★

発車間隔が異なる複数のバスや電車などが同時に発車する時刻や
回数を求める問題。始発が同時刻でないときの処理に工夫が必要。

正解率 **28**%

例題

駅前のバスターミナルからは3系統のバスが出ている。P系統は12分おき、Q系統は15分おき、R系統は18分おきに発車する。

問1

P系統とR系統の2系統の始発バスが6時に同時に発車した。このとき、この2系統のバスが、始発バスも含めて5回目に同時に発車する時刻は何時何分か。A〜Iから1つ選びなさい。

A 8時24分　B 8時36分　C 8時48分　D 9時　　　　E 9時12分
F 9時24分　G 9時36分　H 9時48分　I A〜Hのいずれでもない

問2

Q系統の始発バスが6時に発車し、R系統の始発バスが6時3分に発車した。このとき、正午までの間にこの2系統のバスが同時に発車する場合は、始発バスも含めて何回あるか。A〜Iから1つ選びなさい。

A 2回　　　　B 3回　　　　C 4回　　　　D 5回　　　　E 6回
F 7回　　　　G 8回　　　　H 9回　　　　I A〜Hのいずれでもない

す ば や く 解 く コ ツ

★起点（スタート）が揃っているときは、それぞれの最小公倍数を足していく。

★起点（スタート）が揃っていないときも、とりあえず何回か足してみて、差が開いていくようなら、起点からさかのぼってみる。

152

例題解説

STEP-❶

(問1)始発バスの発車時刻が揃っているときは、最小公倍数を求めればよい。P系統は12分ごとでR系統は18分ごとなので、この2系統のバスが同時に発車するのは(12と18の最小公倍数の)36分ごととわかる。

始発が1回目なので、5回目は6時から**36×4＝144分後**となり(36×5ではない)、8時24分と決まる。

STEP-❷

(問2)始発バスの発車時刻が揃っていないときは、揃って発車する時刻を求めておくことが必要である。しかし、6時発車のQ系統が15分ごとで、6時3分発車のR系統が18分ごとでは、差がどんどん広がっていってしまう。こういう場合は、**一度戻してみればよい**。すると、この2系統は**5時45分に同時に発車している**ことがわかる(実際は発車していないので「幻の始発」と考える)。

STEP-❸

その後はQ系統15分ごと、R系統18分ごとの最小公倍数が90なので、90分ごとに発車する。「幻の始発」が5時45分なので、その後正午までに、7時15分、8時45分、10時15分、11時45分、の4回同時に発車する。

> 解答　(問1)A (問2)C

33 漸化式

数値の増減の規則を「漸化式」で表した計算問題。n に順次1、2、… を代入して計算していくだけである。「数学」として解かないように。

正解率
17%

▶ 例 題

ある細菌を培養すると、開始してから n 日後の細菌の数 $f(n)$ は、
$$f(n) = f(n-1) + 500n - 150$$
と表すことができる。なお、培養開始時の細菌の数 $f(0)$ は 100 個だった。

問1

培養を開始してから3日後の細菌の数はどれか。A〜I から1つ選びなさい。

A 1300個　**B** 1750個　**C** 1950個　**D** 2400個　**E** 2650個
F 3200個　**G** 3950個　**H** 4500個　**I** A〜Hのいずれでもない

問2

細菌の数が10000個を超えるのは、培養を開始してから何日後のことか。A〜I から1つ選びなさい。

A 5日後　**B** 6日後　**C** 7日後　**D** 8日後　**E** 9日後
F 10日後　**G** 11日後　**H** 12日後　**I** A〜Hのいずれでもない

す ば や く 解 く コ ツ

★ n = 1、2、3、…を代入して、具体的に計算していく。

> 例題解説

STEP-❶

漸化式の問題に対して数学的に解答しようとするのは戦略的ではない。一般項を求めずに、$n = 1$、2、3、…を順次代入して、具体的に計算していく。

STEP-❷

(問1) $f(0) = 100$ がわかっているので、$f(3)$ までを順次計算していく。

$n = 1$ を代入
$$f(1) = f(0) + 500 \times 1 - 150 = 100 + 500 - 150 = 450$$
$n = 2$ を代入
$$f(2) = f(1) + 500 \times 2 - 150 = 450 + 1000 - 150 = 1300$$
$n = 3$ を代入
$$f(3) = f(2) + 500 \times 3 - 150 = 1300 + 1500 - 150 = 2650$$

培養を開始してから3日後の細菌の数は、$f(3) = 2650$個と決まる。

STEP-❸

(問2) 引き続き、$f(3)$ から先を順次計算していく。

$n = 4$ を代入
$$f(4) = f(3) + 500 \times 4 - 150 = 2650 + 2000 - 150 = 4500$$
$n = 5$ を代入
$$f(5) = f(4) + 500 \times 5 - 150 = 4500 + 2500 - 150 = 6850$$
$n = 6$ を代入
$$f(6) = f(5) + 500 \times 6 - 150 = 6850 + 3000 - 150 = 9700$$
$n = 7$ を代入
$$f(7) = f(6) + 500 \times 7 - 150 = 9700 + 3500 - 150 = 13050$$

$f(6) = 9700$、$f(7) = 13050$なので、細菌の数が10000個を超えるのは、7日後と決まる。

解答 (問1) E (問2) C

34 軌跡

難易度	★ ★ ★ ★ ★
ペーパーテスト頻出度	★ ★ ★
テストセンター頻出度	★ ★ ★

円や多角形（三角形や四角形）を、直線や円の周りを滑らないよう
転がしたときの頂点の軌跡を求める問題。雰囲気で考えないように。

正解率
25%

> **例 題**

図のように、大円の外側上方に半径が大円の半径の$\frac{1}{2}$の小円があり、大
円の外周を滑らないように「時計回り」に回転する。

問　小円が大円の外周を270度回転して黒い点線の部分に来たとき、小
円内の矢印はどの方向を向いているか。A〜Iから１つ選びなさい。

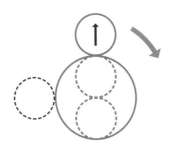

A 上　　B 右上　　C 右　　D 右下　　E 下　　F 左下
G 左　　H 左上　　I A〜Hのいずれでもない

★円周にP、Qなどの目盛を振って、歯車に見立てて考える。

▶例題解説

STEP-❶

小円の半径は大円の半径の$\frac{1}{2}$なので、円周も$\frac{1}{2}$になる。つまり、小円の

1周分は大円の$\frac{1}{2}$周分、小円の$\frac{1}{2}$周分は大円の$\frac{1}{4}$周分になっている。

STEP-❷

小円の矢印の根元をP、矢印の先をQとすると、それぞれが大円に接するのは下図のようになる(右下の小さな数字は通し番号)。

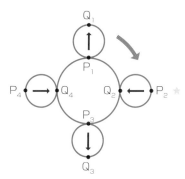

●90度回転の場合

小円が最初の位置から90度回転して☆の位置にくるまでに、

小円は大円の$\frac{1}{4}$(つまり小円の$\frac{1}{2}$)の距離だけ移動する(回転する)。

つまり、大円の右端にQ(Q_2)、小円の右端にP(P_2)がくる。

●180度回転の場合

小円は、90度回転した位置からさらに$\frac{1}{2}$周回転するので、大円の下端に

P(P_3)、小円の下端にQ(Q_3)がくる。

●270度回転の場合

小円は、180度回転した位置からさらに$\frac{1}{2}$周回転するので、大円の左端に

Q(Q_4)、小円の左端にP(P_4)がくる。
したがって、矢印は右向きと決まる。

解答	C

サイコロの展開図

難易度	★ ★ ★ ★ ★
ペーパーテスト頻出度	★ ★ ★
テストセンター頻出度	★ ★ ★

サイコロの見取図と展開図を正確に対応させることができるかを
問う問題。むやみに頭の中で組み立てると混乱すること必至。

正解率 36%

例題

右は、立方体（サイコロ）の3面の隅に、斜めの
正方形の模様を書き入れたものの見取図である。

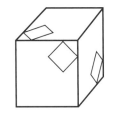

問

この立方体の展開図として正しいものをもれ
なく挙げたものはどれか。A〜Iから1つ選び
なさい。

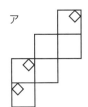
ア

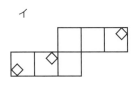
イ

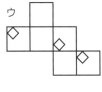
ウ

A ア　　B イ　　C ウ　　D アとイ　　E アとウ　　F イとウ

G アとイとウ　　H 正しいものはない　　I 決まらない

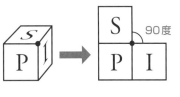

すばやく解くコツ

★立方体の頂点には3つの正方
形が集まっている。この3つ
の面だけに着目して切り開く
と、90度離れていることが
わかる。このことから立方体
の展開図では、90度があれ
ば、そこが必ずくっつくよう
になっている。

▶例題解説

STEP-❶

立方体の展開図は、辺同士がまず90度でくっついて、あとは近いほうから順番にくっついていく。

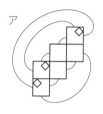 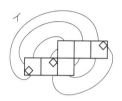

STEP-❷

次に、模様の書かれた3面を1か所に集めてみると、ウは集まらない。

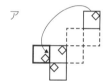 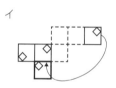

STEP-❸

最後に、模様の位置関係が合致しないものを除外すればよい。すると、イのみ合致することがわかる。

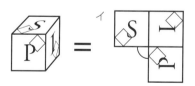

| 解答 | B |

難易度	★ ★ ★ ★ ★
ベーパーテスト頻出度	★ ★ ★
テストセンター頻出度	★ ★ ★

「東西南北」とその中間の方位(「八方位」)が正確に理解できているかを問う問題。正確に作図しないとずれてしまうので注意しよう。

正解率 43%

例題

見晴らしのよい広場の地点Xに、PとQの2人が方位磁石を持って立っている。まず、Pが北に100m、Qが東に100m移動し、引き続き、Pが西に100m、Qが北に100m移動し、最後に、Pが南に100m、Qが北に100m移動した。

問1 Qから見ると、Pはどの方角にいるか。A〜Iから1つ選びなさい。

A 北　　B 北東　　C 東　　D 南東　　E 南　　F 南西
G 西　　H 北西　　I A〜Hのいずれでもない

問2 最後のPの位置から、地点Xはどの方角にあるか。A〜Iから1つ選びなさい。

A 北　　B 北東　　C 東　　D 南東　　E 南　　F 南西
G 西　　H 北西　　I A〜Hのいずれでもない

す ば や く 解 く コ ツ

★八方位を確認しておく。

```
    北西      北      北東


西 ─────────┼───────── 東


    南西      南      南東
```

▶ 例題解説

STEP-❶
「まず、Pが北に100m、Qが東に100m移動」をP₁、Q₁として描く。

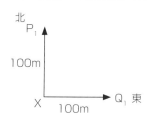

STEP-❷
「引き続き、Pが西に100m、Qが北に100m移動」をP₂、Q₂として描く。

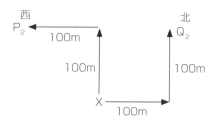

STEP-❸
「最後に、Pが南に100m、Qが北に100m移動」をP₃、Q₃として描く。

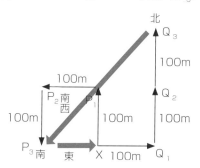

(問1)Q₃から見るとP₃は「南西」にいる。
(問2)P₃から見ると地点Xは「東」にある。

解答　(問1)F (問2)C

37 縮尺

難易度	★ ★ ★ ★ ★
ペーパーテスト頻出度	★ ★ ★
テストセンター頻出度	★ ★ ★

地図上の長さと実測の対応が正確にできるかを問う問題。面積は、縮尺を2回掛けて求める。普段使い慣れない単位は覚えてしまおう。

正解率 27%

例 題

縮尺5万分の1の地図がある。

問1
実測で10kmの距離は、この地図上ではどれほどの長さになるか。A〜Iから1つ選びなさい。

A 0.2mm　　B 2mm　　C 2cm　　D 20cm　　E 2m
F 20m　　　G 200m　　H 2km　　I A〜Hのいずれでもない

問2
この地図上で、1辺の長さが1cmの正方形の土地は、実測では何haの面積があるか。A〜Iから1つ選びなさい。

A 0.05ha　　B 0.5ha　　C 5ha　　D 50ha　　E 0.25ha
F 2.5ha　　　G 25ha　　H 250ha　　I A〜Hのいずれでもない

す ば や く 解 く コ ツ

★長さや面積の単位（mm、cm、m、km）は確実に覚える。

★1a（アール）は1辺の長さが10mの正方形の面積、1ha（ヘクタール）は1辺の長さが100mの正方形の面積である。

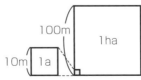

例題解説

STEP-❶
(問1)長さの単位の関係は、次の表の通りである。

ミリメートル (mm)	センチメートル (cm)	メートル (m)	キロメートル (km)
1mm	0.1cm	0.001m	
10mm	1cm	0.01m	
100mm	10cm	0.1m	
1000mm	100cm	1m	0.001km
	1000cm	10m	0.01km
		100m	0.1km
		1000m	1km

なるべく「0」を増やさず、小数にしないようにして換算していく。

$$10km \times \frac{1}{50000} = 10000m \times \frac{1}{50000} = 0.2m = 20cm と決まる。$$

STEP-❷
(問2)面積の単位の関係は、次の表の通りである。

平方センチ (cm²)	平方メートル (m²)	アール (a)	ヘクタール (ha)	平方キロ (km²)
1 cm²	0.0001m²	1a(アール)は、 1辺の長さが 10mの正方形 の面積。	1ha(ヘクタール)は、1辺の長さが100mの正方形の面積。	
100 cm²	0.01m²			
10000 cm²	1m²			
	100m²	1a	0.01ha	
	10000m²	100a	1ha	
			100ha	1km²

(1cm × 50000)×(1cm × 50000)

= 50000cm × 50000cm

= 500m × 500m

= 250000m² = 25ha と決まる。

解答　(問1) D (問2) G

規則性（文字の配列）

2015年（2016年春卒業予定）から採用された新形式の問題である。
並んでいる文字列の意味ではなく、配列の規則性をすばやく見抜く。

例 題

次の文字列には一定の規則がある。空欄に入る文字はどれか。**A**〜**I**から
1つ選びなさい。

問1

S P I S P J S P ( ) S P L S P M …

A E   **B** G   **C** I   **D** K   **E** P   **F** R
G T   **H** Z   **I** A〜Hのいずれでもない

問2

a b c a b e a b g a b ( ) a b k a b m …

A c   **B** d   **C** e   **D** f   **E** g   **F** h
G i   **H** j   **I** A〜Hのいずれでもない

問3

Z X Y W U V T R S Q ( ) P N L M …

A O   **B** G   **C** I   **D** K   **E** P   **F** R
G T   **H** Z   **I** A〜Hのいずれでもない

問4

a n b o c p ( ) q e r f s …

A o   **B** d   **C** m   **D** h   **E** s   **F** w
G z   **H** a   **I** A〜Hのいずれでもない

問5

N O W N O X N O ( ) N O Z …

A P   **B** R   **C** T   **D** V   **E** Y   **F** A
G C   **H** E   **I** A〜Hのいずれでもない

▶ 例題解説

(問1)「SP」が繰り返し使われているので、これらを除外して考える。

S　P　I　S　P　J　S　P　（　）　S　P　L　S　P　M　…

「SP」以外を順に並べてみると、

I→J→（　）→L→M→　…

これらはアルファベット順に並んでいるので、

（　）にはKが入ることがわかる。

(問2)「ab」が繰り返し使われているので、これらを除外して考える。

a　b　c　a　b　e　a　b　g　a　b　（　）　a　b　k　a　b　m　…

「ab」以外を順に並べてみると、

c→e→g→（　）→k→m→　…

これらはアルファベットが1つおきに並んでいるので、

（　）にはiが入ることがわかる。

(問3)Zから始まっているので、アルファベットの順番が推測できる。

さらに細部に注目して規則性を見抜く。

Z　X⇔Y　W　U⇔V　T　R⇔S　Q　（　）⇔P　N　L⇔M　…

（　）にはOが入ることがわかる。

(問4)奇数番目はaから、偶数番目はnから、アルファベット順に交互に並んでいる。

a　　b　　c　　（　）　　e　　f　　…

　　n　　o　　p　　q　　r　　s　…

（　）にはdが入ることがわかる。

(問5)「NO」が繰り返し使われているので、これらを除外して考える。

N　O　W　N　O　X　N　O　（　）　N　O　Z　…

「NO」以外を順に並べてみると、

W→X→（　）→Z→　…

（　）にはYが入ることがわかる。

解答	(問1) D　(問2) G　(問3) A　(問4) B　(問5) E

一見すると難解に見えるが、「かつ」「または」が記号化されているだけである。表で詳細に場合分けをして考えよう。

例題

　「Xである」ことを「X1」、「Xでない」ことを「X0」で表し、「XかつYである」ことを「X1★Y1」、「XまたはYである」ことを「X1☆Y1」で表すこととする。
　次の表は、この規則を使って、ある大学の大学生を、性別・身長・体重の3項目で分類したものである。

	身長170cm以上		身長170cm未満	
	体重50kg以上	体重50kg未満	体重50kg以上	体重50kg未満
男	X1★Y1★Z1	②	X1★Y1★Z0	③
女	①		X0★（Y1☆Y0）★Z0	

問1　①に該当する論理式はどれか。A～Iから1つ選びなさい。

A　X1★Y1★Z1　　　B　X1★Y1★Z0　　　C　X1★Y0★Z1
D　X1★Y0★Z0　　　E　X0★Y1★Z1　　　F　X0★Y1★Z0
G　X0★Y0★Z1　　　H　X0★Y0★Z0　　　I　A～Hのいずれでもない

問2　②に該当する論理式はどれか。A～Iから1つ選びなさい。

A　（X1☆X0）★Y0★Z1　　　　　　B　（X1☆X0）☆Y0★Z1
C　（X1★X0）★Y0★Z1　　　　　　D　（X1★X0）☆Y0★Z1
E　X0★Y1☆（Z1★Z0）　　　　　　F　X0★Y1☆（Z1☆Z0）
G　X1★Y0★（Z1★Z0）　　　　　　H　X1★Y0★（Z1☆Z0）
I　A～Hのいずれでもない

問3　③に該当する論理式はどれか。A～Iから1つ選びなさい。

A　X1★Y1★Z1　　　B　X1★Y1★Z0　　　C　X1★Y0★Z1
D　X1★Y0★Z0　　　E　X0★Y1★Z1　　　F　X0★Y1★Z0
G　X0★Y0★Z1　　　H　X0★Y0★Z0　　　I　A～Hのいずれでもない

▶ 例題解説

　与えられた条件から、

「男である」が「X1」なので、「女である」は「X0」と推測できる。
つまり、(男, 女)＝(X1, X0)である。

「体重50kg以上」が「Y1」なので、「体重50kg未満」は「Y0」と推測できる。
つまり、(体重50kg以上, 体重50kg未満)＝(Y1, Y0)である。

「身長170cm以上」が「Z1」なので、「体重170cm未満」は「Z0」と推測できる。
つまり、(身長170cm以上, 身長170cm未満)＝(Z1, Z0)である。

　以上をまとめておく。

	170cm以上(Z1)		170cm未満(Z0)	
	50kg以上(Y1)	50kg未満(Y0)	50kg以上(Y1)	50kg未満(Y0)
男(X1)	X1★Y1★Z1	X1★Y0★Z1	X1★Y1★Z0	X1★Y0★Z0
女(X0)	X0★Y1★Z1	X0★Y0★Z1	X0★Y1★Z0	X0★Y0★Z0

　またがった領域は「☆」と「(　　)」を使って表すことができる。

	170cm以上(Z1)		170cm未満(Z0)	
	50kg以上(Y1)	50kg未満(Y0)	50kg以上(Y1)	50kg未満(Y0)
男(X1)	X1★(Y1☆Y0)★Z1		X1★(Y1☆Y0)★Z0	
女(X0)	X0★(Y1☆Y0)★Z1		X0★(Y1☆Y0)★Z0	

	170cm以上(Z1)		170cm未満(Z0)	
	50kg以上(Y1)	50kg未満(Y0)	50kg以上(Y1)	50kg未満(Y0)
男(X1)	(X1☆X0)★	(X1☆X0)★	(X1☆X0)★	(X1☆X0)★
女(X0)	Y1★Z1	Y0★Z1	Y1★Z0	Y0★Z0

解答　(問1) E (問2) A (問3) D

フローチャート

条件から判断の分岐点を推測し、空欄に文字や数字を当てはめる問題である。「矢印」で思考の筋道を組み立てられればよい。

例 題

下のフローチャートは、次の文章を正確に図式化して作成したものである。

あるスーパーでは、顧客サービスの一環としてメンバーカードを発行し、商品価格の割引を実施している。メンバーカードを持っている人を「会員」、持っていない人を「非会員」と呼ぶ。

まず、会員であれば9%の割引とし、会員が1回で1万円以上を購入すれば10%割引を適用する。

次に、非会員の場合は、1回の購入が2万円を超えるときのみ、8%割引を適用する。それ以外の場合、割引はない。

なお、上記以外の事情は考慮しなくてよい。

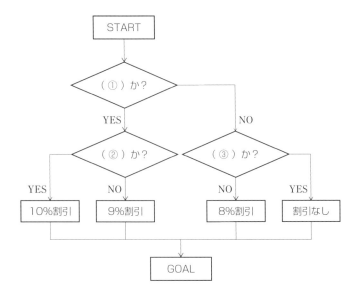

問1
　　　フローチャート中の空欄に当てはまる文字や数字を、指定された文字数で答えなさい。なお、数字も全角文字（１マス１文字）で書くこと。

① 3文字以内　② 6文字以内　③ 6文字以内

問2
　　　１万円の商品を２個購入したい。会員が１個ずつ２回に分けて購入する場合と、非会員が２個まとめて購入する場合とで、支払い金額にいくらの差が出るか。A～Iから１つ選びなさい。

A　600円　　B　800円　　C　1,000円　　D　1,200円　　E　1,400円
F　1,600円　G　1,800円　H　2,000円　　I　A～Hのいずれでもない

例題解説

（問1）
① 会員割引を受けるためには、はじめの分岐点で左側に流れる必要がある。したがって、①には「会員」が当てはまる。
② 会員が「10％割引」の適用を受けるためには、１回の購入が１万円以上でなければならない。したがって、②には「１万円以上」が当てはまる。
③ 非会員が「8％割引」の適用を受けるためには、１回の購入が２万円を超えなければならない。ここで、矢印の「YES」「NO」に着目すると、「NO」が「8％割引」の適用を受けていることから、③には「２万円以下」が当てはまる（「未満」ではない）。

（問2）
　会員が１万円の商品を２個、２回に分けて購入する場合は、１万円の購入に対する10％割引が２回適用されるので、2,000円の割引になる。
　一方、非会員が１万円の商品を２個まとめて購入しても、２万円は超えないので、割引は適用されない。
　したがって、差は2,000円と決まる。

解答	（問1）①会員 ②1万円以上 ③2万円以下 （問2）H

チェックボックス

複数の選択肢から「正解」ではなく「正解の可能性があるもの」を選び出す。
当てはまるボックスを過不足なくチェックしないと正解にならない。

例題

日曜日に１パック１２個入りの卵を買い、次の土曜日までに食べ切ること
にした。１日に食べてよい卵の数は２個までで、卵は毎日食べることとする。

問1
日曜・月曜・火曜の３日で合計６個食べ、金曜・土曜の２日で合計３
個食べると、１個を食べる可能性のある日は何曜日か。該当する曜日の
ボックスにチェックを入れなさい。

| 日 | 月 | 火 | 水 | 木 | 金 | 土 |

問2
日曜・火曜・木曜の３日で合計４個食べ、月曜・水曜・金曜の３日で
合計６個食べると、１個を食べる可能性のある日は何曜日か。該当する
曜日のボックスにチェックを入れなさい。

| 日 | 月 | 火 | 水 | 木 | 金 | 土 |

例題解説

(問1)「１日に２個まで、毎日食べる」という条件から、
日曜・月曜・火曜に合計６個 →日２個、月２個、火２個
金曜・土曜に合計３個 →(金２個、土１個)か(金１個、土２個)
卵は１２個なので、１２－(６＋３)＝３個を水曜と木曜に食べることになる。
水曜・木曜に合計３個 →(水１個、木２個)か(水２個、木１個)
したがって、１個を食べる可能性がある曜日は、水・木・金・土となる。

(問2)まず、１２－(４＋６)＝２個を土曜に食べることは確実である。
「１日に２個まで、毎日食べる」という条件から、
月曜・水曜・金曜で合計６個 →月２個、水２個、金２個
日曜・火曜・木曜で合計４個 →(日２個、火１個、木１個)か(日１個、火
２個、木１個)か(日１個、火１個、木２個)
したがって、１個を食べる可能性がある曜日は、日・火・木となる。

解答 (問1) | 日 | 月 | 火 | 水 ☑ | 木 ☑ | 金 ☑ | 土 ☑ | (問2) | 日 ☑ | 月 | 火 ☑ | 水 | 木 ☑ | 金 | 土 |

Part- ② 言語能力検査

38 同意語・類義語

与えられた熟語と同じか、または似た意味の熟語を探し当てる問題。同じ漢字でも熟語になると異なる意味になることに注意。

正解率
76%

例 題

それぞれの問に示された語と最も近い意味を持つ語を、A〜Eから1つ選びなさい。

問1 伯仲

A 互角　　B 恋愛　　C 相思　　D 同伴　　E 伯爵

問2 鶴首

A 亀尾　　B 馘首　　C 雪道　　D 待望　　E 窮屈

問3 知己

A 師匠　　B 親友　　C 親戚　　D 自慢　　E 縁者

す ば や く 解 く コ ツ

★音読する語は、訓読したり、例文を作ったりして、意味を明確にする。
★同じ意味の漢字があるからといって、語全体が同じ意味になるとは限らない。
★外来語は、原語に直したほうがわかりやすい。場合によっては英訳してみる。
★中国語として意味のある語でも、日本語として使われていなければ除外する。
★くれぐれも問題文を読み誤って「反意語」を選ばないようにしよう。

例題解説

(問1)伯仲(はくちゅう):優劣つけがたいこと。
- **A** 互角:双方の力量に差がないこと。対等。
- **B** 恋愛:特別の愛情を感じて恋い慕うこと。
- **C** 相思:互いに恋しく思うこと。
- **D** 同伴:一緒に連れ立って行くこと。
- **E** 伯爵:華族の世襲的身分制度(公・侯・伯・子・男)の第三位。

(問2)鶴首(かくしゅ):いまかいまかと待ちわびること。
- **A** 亀尾:亀の尾?(辞書にはない)
- **B** 馘首:解雇すること。読みは「かくしゅ」。
- **C** 雪道:雪が積もった道のこと。
- **D** 待望:待ち焦がれること。
- **E** 窮屈:自由に動きがとれない。気詰まり。融通がきかない。

(問3)知己(ちき):親友、知り合い、知人。「ちこ」ではない。
- **A** 師匠:師、先生。芸人の敬称。
- **B** 親友:特に親しい友。
- **C** 親戚:血縁や婚姻によって結びついている人。親類。
- **D** 自慢:自分で自分を他人に向かって褒めること。
- **E** 縁者:縁続きの人。親戚。

解答 (問1)A (問2)D (問3)B

---コラム---

　「分別」という言葉はとても不思議な使われ方をする。「ふんべつ」と読むときは「善悪の区別が理解できる」意味に用いて「もう分別のつく歳だろう」のように使われるが、「ゴミ」が後ろにつくと「ぶんべつ」と読んで、可燃ごみ、不燃ごみ、ビン・カン、ペットボトルなどに分けることを指す。いつだれがこの用法を思いついたのかわからないが、長きに渡ってこのように使われていて、もはや定着しているといってよい……と思っていたら、先日ゴミ箱の前に「無分別に処理しないでください」という張り紙を見つけて驚いた。「むふんべつ」は「ものの道理をわきまえない」「常識を知らない」のように使うものと思っていたが、どうやら掲示を出した人は「分別(ぶんべつ)できてないゴミの状態」を「無分別」と称しているようだ。はたしてこの用法は一般的なのだろうか？そもそも何と読ませるつもりなんだろう？

　それぞれの問に示された語と最も近い意味になる語を、**A～E**から1つ選びなさい。

問1　　手腕

A　足首　　　B　技量　　　C　手芸　　　D　腕力　　　E　才能

問2　　思惑

A　期待　　　B　思考　　　C　画策　　　D　意図　　　E　妄想

問3　　進歩

A　発展　　　B　亢進　　　C　日進　　　D　向上　　　E　進捗

問4　　倹約

A　華奢　　　B　節約　　　C　節制　　　D　浪費　　　E　節税

問5　　精進

A　努力　　　B　節制　　　C　精神　　　D　禁制　　　E　禁欲

問6　　薄情

A　薄幸　　　B　冷却　　　C　強欲　　　D　冷淡　　　E　気丈

問7　　折衝

A　衝突　　　B　突発　　　C　折半　　　D　衝撃　　　E　交渉

問8　　没頭

A　専念　　　B　執念　　　C　念願　　　D　専門　　　E　没落

問9 星霜

A 歳月　　　B 惑星　　　C 蛍雪　　　D 終日　　　E 流星

問10 寄与

A 寄付　　　B 貢献　　　C 寄贈　　　D 貢物　　　E 与信

問11 台頭

A 振興　　　B 頭上　　　C 先頭　　　D 新興　　　E 興行

問12 残念

A 不快　　　B 遺憾　　　C 残滓　　　D 失念　　　E 残酷

問13 撞着

A 憧憬　　　B 矛盾　　　C 恭順　　　D 帰着　　　E 整合

問14 使命

A 急務　　　B 担当　　　C 任務　　　D 当番　　　E 天賦

問15 突飛

A 飛翔　　　B 突発　　　C 法被　　　D 奇抜　　　E 前衛

問16 失意

A 敵意　　　B 失言　　　C 落胆　　　D 嫌悪　　　E 落度

問17 不意

A 本意　　　B 唐突　　　C 他意　　　D 追突　　　E 恣意

問18 金言

A 格言　　B 直言　　C 忠言　　D 進言　　E 祝言

問19 歴然

A 外見　　B 自然　　C 表情　　D 明白　　E 悠然

問20 示唆

A 訓示　　B 教示　　C 暗示　　D 指示　　E 黙示

問21 疎外

A 疎遠　　B 過疎　　C 郊外　　D 排斥　　E 終焉

問22 栄枯

A 栄光　　B 盛衰　　C 盛隆　　D 繁盛　　E 華美

問23 従容

A 泰然　　B 服従　　C 天然　　D 認容　　E 従順

問24 不審

A 侮蔑　　B 歪曲　　C 懐疑　　D 誤認　　E 懐柔

問25 神妙

A 霊妙　　B 特殊　　C 絶妙　　D 殊勝　　E 神託

問26 対峙

A 対等　　B 対面　　C 相対　　D 対象　　E 応対

言語能力検査

同意語・類義語

問27 苦心

A 邪心 B 腐心 C 得心 D 虚心 E 腹心

問28 痛感

A 腹痛 B 実感 C 頭痛 D 冷感 E 激痛

問29 廉売

A 安売 B 小売 C 店売 D 販売 E 密売

問30 仲介

A 搾取 B 斡旋 C 収賄 D 逡巡 E 介錯

問31 畢竟

A 終了 B 最後 C 弁明 D 最期 E 結局

問32 猜疑

A 疑問 B 邪推 C 反論 D 異議 E 邪見

解答			
(問1) B (しゅわん)	(問2) D (おもわく)	(問3) D (しんぽ)	(問4) B (けんやく)
(問5) A (しょうじん)	(問6) D (はくじょう)	(問7) E (せっしょう)	(問8) A (ぼっとう)
(問9) A (せいそう)	(問10) B (きょ)	(問11) D (たいとう)	(問12) B (ざんねん)
(問13) B (どうちゃく)	(問14) C (しめい)	(問15) D (とっぴ)	(問16) C (しつい)
(問17) B (ふい)	(問18) A (きんげん)	(問19) D (れきぜん)	(問20) C (しさ)
(問21) D (そがい)	(問22) B (えいこ)	(問23) A (しょうよう)	(問24) C (ふしん)
(問25) D (しんみょう)	(問26) B (たいじ)	(問27) B (くしん)	(問28) B (つうかん)
(問29) A (れんばい)	(問30) B (ちゅうかい)	(問31) E (ひっきょう)	(問32) B (さいぎ)

39 反意語・対義語

難易度	★ ★ ★ ★ ★
ペーパーテスト頻出度	★ ★ ★
テストセンター頻出度	★ ★ ★

与えられた熟語と反対の、あるいは対になる意味の熟語を探し当てる問題。勘違いして「同意語・類義語」を選ばないようにしたい。

正解率 74%

例 題

それぞれの問に示された語と最も反対の意味を持つ語を、A～Eから1つ選びなさい。

問1 素人

A 武人　　B 達人　　C 玄人　　D 名人　　E 天人

問2 肥沃

A 沐浴　　B 淡白　　C 堆肥　　D 不毛　　E 肥大

問3 優勝

A 敗北　　B 連敗　　C 惨敗　　D 敗戦　　E 劣敗

す ば や く 解 く コ ツ

★音読する語は、訓読したり、例文を作ったりして、意味の差異を明確にする。
★反対の意味の漢字があるからといって、語全体が反対の意味になるとは限らない。
★外来語は、原語に直したほうがわかりやすい。場合によっては英訳してみる。
★中国語として意味のある語でも、日本語として使われていなければ除外する。
★くれぐれも問題文を読み誤って「同意語」を選ばないように。

例題解説

(問1) 素人 (しろうと) はアマチュア、不慣れな人のこと。反意語は
C：玄人 (くろうと) で、プロ、慣れている人のこと。

(問2) 肥沃 (ひよく)：土地が肥えていて農作物がよくできること。反意語は　D：不毛 (ふもう) で、農作物が育たないやせた土地のこと。なお、A：沐浴 (もくよく) は髪や体を洗い清めること。

(問3) 優勝 (ゆうしょう) の反意語は、負ける意味なら何でもよいように思えるが、A：敗北⇔勝利

　B：連敗⇔連勝

というペアになる語がある場合は除外すると、

　E：劣敗

がしっくりくる。優⇔劣、勝⇔敗という対の構造になっている。

解答	(問1)C (問2)D (問3)E

言語能力検査　反意語・対義語

┌─コラム─

　似て非なる言葉に「時刻」と「時間」がある。「時刻」は時の流れを刻む一瞬のことで、時刻と時刻の間を「時間」という。「遅刻」は「約束の時刻に遅れる」から「遅刻」なのであって「遅間」とは言わない。しかし、「集合時間」のように、本来は「時刻」であるが「時間」でも意味は通じる (どころか、「集合時刻」より「集合時間」のほうが通りがよい気もする)。正確に使い分けたいとは願いつつも、混用しても特に支障がないので最近は気にならなくなってきた。ただし混用可とはいっても「時刻」を「時間」と言ってしまうことはあってもその逆はまったくないところが面白い。

　似て非なる言葉の例には、ほかに「距離」と「道のり」がある。「速さ×時間＝道のり」でも「速さ×時間＝距離」でも同じことのように扱っているが、正確にはこの2つは異なる概念で、「距離」とはまさに「直線距離」、「道のり」は道に沿って進んだときの長さのことである。直線距離としてはとても短いけれども、迂回しなければたどり着けない場合は、「道のり」は「距離」に比べて長くなるが、SPI試験ではほぼ同義と考えてよい。なお、「速度」と「速さ」もほぼ同義である (正確には「速度」には「向き」がある)。

それぞれの問に示された語と最も反対の意味になる語を、A〜Eから
1つ選びなさい。

問1　違法

A　合法　　　B　遵守　　　C　逸脱　　　D　法典　　　E　合理

問2　理想

A　予想　　　B　現実　　　C　夢想　　　D　存在　　　E　想念

問3　一般

A　異常　　　B　普通　　　C　具体　　　D　特殊　　　E　全般

問4　実質

A　実験　　　B　物質　　　C　名目　　　D　質実　　　E　名実

問5　演繹

A　発展　　　B　帰属　　　C　展開　　　D　遍歴　　　E　帰納

問6　具体

A　想像　　　B　空体　　　C　具象　　　D　全般　　　E　抽象

問7　架空

A　実在　　　B　空想　　　C　想念　　　D　実行　　　E　生身

問8　順境

A　辺境　　　B　環境　　　C　逆境　　　D　窮境　　　E　佳境

問9　革新

A　古革　　B　保守　　C　堅守　　D　新参　　E　刷新

問10　客観

A　達観　　B　概観　　C　静観　　D　主観　　E　諦観

問11　過剰

A　発展　　B　縮小　　C　余剰　　D　不足　　E　枯渇

問12　慶事

A　悪事　　B　仏滅　　C　弔事　　D　葬式　　E　時事

問13　軽率

A　慎重　　B　謹慎　　C　軽快　　D　重厚　　E　率直

問14　国産

A　舶来　　B　財産　　C　在来　　D　外来　　E　輸入

問15　緊張

A　慢性　　B　粗相　　C　弛緩　　D　怠惰　　E　惰性

問16 依存

　A　無縁　　B　実存　　C　自立　　D　依拠　　E　独立

問17 精算

　A　予算　　B　公算　　C　試算　　D　暗算　　E　概算

問18 必然

　A　断然　　B　依然　　C　当然　　D　偶然　　E　憔然

問19 承諾

　A　絶交　　B　承認　　C　認証　　D　断絶　　E　拒絶

問20 結果

　A　起因　　B　成果　　C　要因　　D　果実　　E　原因

問21 濃厚

　A　希薄　　B　希釈　　C　重厚　　D　軽薄　　E　薄々

問22 傍流

　A　底流　　B　本流　　C　支流　　D　亜流　　E　放流

問23 平坦

　A　潜伏　　B　起伏　　C　過酷　　D　巡回　　E　波乱

問24 欠点

A 支点　　B 弱点　　C 有点　　D 起点　　E 美点

問25 勃興

A 建国　　B 全滅　　C 消滅　　D 復興　　E 滅亡

問26 脱退

A 加入　　B 入滅　　C 挿入　　D 入信　　E 編入

問27 抑制

A 搾取　　B 高揚　　C 収賄　　D 逡巡　　E 介錯

問28 単純

A 極端　　B 不純　　C 混乱　　D 純粋　　E 複雑

問29 延長

A 拡大　　B 短縮　　C 縮小　　D 短小　　E 中止

解答				
(問1) A (いほう)	(問2) B (りそう)	(問3) D (いっぱん)	(問4) C (じっしつ)	
(問5) E (えんえき)	(問6) E (ぐたい)	(問7) A (かくう)	(問8) C (じゅんきょう)	
(問9) B (かくしん)	(問10) D (きゃっかん)	(問11) D (かじょう)	(問12) C (けいじ)	
(問13) A (けいそつ)	(問14) A (こくさん)	(問15) C (きんちょう)	(問16) E (いぞん)	
(問17) E (せいさん)	(問18) D (ひつぜん)	(問19) E (しょうだく)	(問20) E (けっか)	
(問21) A (のうこう)	(問22) B (ぼうりゅう)	(問23) B (へいたん)	(問24) E (けってん)	
(問25) E (ぼっこう)	(問26) A (だったい)	(問27) B (よくせい)	(問28) E (たんじゅん)	
(問29) B (えんちょう)				

40 二語の関係

難易度　　　★ ★ ★ ★
ペーパーテスト頻出度 ★ ★ ★
テストセンター頻出度 ★ ★ ★

2つの単語の関係を見抜いて同じ関係にある二語を選ぶ問題。
「包含・用途・材料・一対」にとらわれない柔らかな発想が必要。

正解率
68%

例 題

1 それぞれの問に示された二語の関係を考え、それと近い関係になる
組み合わせになる語句を、**A**～**E**から1つ選んで空欄に入れなさい。

問1

電球：エジソン　　ダイナマイト：☐

A オイラー　　　　　**B** ニュートン　　　**C** アインシュタイン
D フェルマー　　　　**E** ノーベル

問2

素麺：冷麦　　バター：☐

A チーズ　　　　　　**B** 牛乳　　　　　　**C** マーガリン
D 豆乳　　　　　　　**E** ヨーグルト

2 それぞれの問の二語の関係と近い関係になる組み合わせをア、イ、
ウから選んだものはどれか。**A**～**H**から1つ選んで空欄に入れなさい。

問1

バイオリン：ビオラ

ア　焼酎：ウイスキー
イ　消防車：救急車
ウ　スポーツ：サッカー

A アのみ　**B** イのみ　**C** ウのみ　**D** アとイ　**E** アとウ
F イとウ　**G** ア、イ、ウ　**H** 同じ関係の組み合わせはない

問2

元号：令和

ア　社長：会社
イ　敬称：御中
ウ　横綱：相撲

A アのみ　**B** イのみ　**C** ウのみ　**D** アとイ　**E** アとウ
F イとウ　**G** ア、イ、ウ　**H** 同じ関係の組み合わせはない

> **例題解説**

1 (問1)「電球」を発明したのは「エジソン」である(異論もあるらしいが)。発明品と発明者の関係になる組み合わせを探すと、「ダイナマイト」を発明したのは「ノーベル」と決まる。

(問2)「素麺(そうめん)」と「冷麦(ひやむぎ)」は形状が似ているが異なる食品である。「バター」と形状が似ているが異なる食品は「マーガリン」と決まる。「材料」にこだわると「チーズ」と「ヨーグルト」が残ってしまい、正解が導き出せない。

解答	(問1)E (問2)C

2 (問1)「バイオリン」と「ビオラ」は同属の弦楽器という共通項がある。
　○ア「焼酎」と「ウイスキー」は蒸留酒という共通項がある。
　○イ「消防車」と「救急車」は緊急車両という共通項がある。
　×ウ「スポーツ」のひとつに「サッカー」があり、**含み・含まれる**関係になっている。

(問2)数ある「元号」のひとつに「令和」があり、**含み・含まれる**関係になっている。
　×ア「社長」のひとつに「会社」があるわけではない。
　○イ　数ある「敬称」のひとつに「御中」がある。
　×ウ「横綱」のひとつに「相撲」があるわけではない。

解答	(問1)D (問2)B

言語能力検査

二語の関係

「二語の関係」には、包含・用途・材料・一対、のほか、反意・同意があるが、近年はこれにとらわれない出題が多い。どんな関係にあっても、その語句を使った文章を作ってみればよい。国語的知識ばかりでなく、時事的常識も問われるから注意が必要だ。

1 それぞれの問に示された二語の関係を考え、それと近い関係になる組み合わせになる語句を、A～Eから1つ選んで空欄に入れなさい。

問1 チューリップ：植物　　キュウリ：☐

A ナス科　　B 井戸　　C 果物　　D トマト　　E 野菜

問2 鍵：錠前　　金槌：☐

A 大工　　B 打撃　　C 木槌　　D 道具　　E 釘

問3 日食：月食　　キリスト教：☐

A 聖地　　B 仏教　　C 宗教　　D カトリック　　E 教会

問4 電車：輸送　　小切手：☐

A 貯金　　B 購買　　C 流通　　D 決済　　E 資金

問5 医者：診察　　内閣：☐

A 衆議院　　B 行政　　C 閣僚　　D 立法　　E 首相

問6 印鑑：朱肉　　ナイフ：☐

A 道具　　B フォーク　C 食事　　D 切断　　E ステーキ

問7 新聞：メディア　　自転車：☐

A 乗り物　　B 道路　　C 車輪　　D 運転　　E 移動

問8 香川：四国　リヒテンシュタイン：[＿＿＿＿＿]

A アメリカ　　　　B ヨーロッパ　　　C アフリカ
D 科学者　　　　　E ワイン

問9 綿：デニム　アルミニウム：[＿＿＿＿＿]

A 一円硬貨　　　　B ステンレス　　　C 軽金属
D ケイ素　　　　　E ゲルマニウム

問10 チョコレート：カカオ　パンケーキ：[＿＿＿＿＿]

A デザート　　　　B カルフォルニア　C 小麦粉
D フルーツ　　　　E トッピング

問11 オレンジ：柑橘類　副詞：[＿＿＿＿＿]

A 格助詞　　　　　B 形容詞　　　　　C 動詞
D 品詞　　　　　　E 名詞

問12 ケチャップ：トマト　パスタ：[＿＿＿＿＿]

A フォーク　　　　B アルデンテ　　　C 麺類
D ラビオリ　　　　E 小麦

問13 刑事：捜査　板前：[＿＿＿＿＿]

A 賄い　　　　　　B 割烹　　　　　　C 給仕
D 調理　　　　　　E 見習い

解答	(問1) E　(問2) E　(問3) B　(問4) D　(問5) B (問6) B　(問7) A　(問8) B　(問9) A　(問10) C (問11) D　(問12) E　(問13) D

2 最初に示された二語の関係を考え、それと近い関係になっている組み合わせをア、イ、ウから選んだものはどれか。A〜Hから1つ選びなさい。

問1

一万円札：日本銀行券

ア　漁船：船舶
イ　吊り橋：橋梁
ウ　緑黄色野菜：カボチャ

A　アのみ　　B　イのみ　　C　ウのみ　　D　アとイ　　E　アとウ
F　イとウ　　G　ア、イ、ウ　　H　同じ関係の組み合わせはない

問2

喜劇：演劇

ア　子役：俳優
イ　助演：主演
ウ　脚本家：監督

A　アのみ　　B　イのみ　　C　ウのみ　　D　アとイ　　E　アとウ
F　イとウ　　G　ア、イ、ウ　　H　同じ関係の組み合わせはない

問3

十二支：寅

ア　ヤギ：草食動物
イ　学校：大学
ウ　祝日：憲法記念日

A　アのみ　　B　イのみ　　C　ウのみ　　D　アとイ　　E　アとウ
F　イとウ　　G　ア、イ、ウ　　H　同じ関係の組み合わせはない

問4

カタカナ：文字

ア　ラジオ：媒体
イ　テレビ：番組
ウ　週刊誌：雑誌

A　アのみ　　B　イのみ　　C　ウのみ　　D　アとイ　　E　アとウ
F　イとウ　　G　ア、イ、ウ　　H　同じ関係の組み合わせはない

問5

ビール：麦

　ア　チーズ：牛乳
　イ　豆腐：大豆
　ウ　日本酒：米

A　アのみ　　B　イのみ　　　C　ウのみ　　D　アとイ　　E　アとウ
F　イとウ　　G　ア、イ、ウ　　H　同じ関係の組み合わせはない

問6

高層ビル：エレベーター

　ア　ホテル：ベッド
　イ　野球場：コーチ
　ウ　喫茶店：パンケーキ

A　アのみ　　B　イのみ　　　C　ウのみ　　D　アとイ　　E　アとウ
F　イとウ　　G　ア、イ、ウ　　H　同じ関係の組み合わせはない

問7

売りオペ：買いオペ

　ア　インフレ：デフレ
　イ　円高：円安
　ウ　インフラ：メンヘラ

A　アのみ　　B　イのみ　　　C　ウのみ　　D　アとイ　　E　アとウ
F　イとウ　　G　ア、イ、ウ　　H　同じ関係の組み合わせはない

問8

豚：真珠

　ア　犬：棒
　イ　猫：小判
　ウ　猿：木

A　アのみ　　B　イのみ　　　C　ウのみ　　D　アとイ　　E　アとウ
F　イとウ　　G　ア、イ、ウ　　H　同じ関係の組み合わせはない

解答	(問1) D　(問2) A　(問3) F　(問4) E　(問5) G
	(問6) A　(問7) D　(問8) B

41 語句の意味

難易度	★★★★
ペーパーテスト頻出度	★★★
テストセンター頻出度	★★★

語句の正確な意味を問う問題。日頃からさまざまな言語に接することを心掛けよう。知らない言葉を見聞きしたらメモする習慣を。

正解率 58%

例題

それぞれの問に示された語句の意味に最も近い説明を、A〜Eから1つ選びなさい。

問1 脇が甘い

A 上着が大きい　　B 子分がいない　　C 守りが弱い
D いい匂いがする　E 考えが足りない

問2 足が早い

A 最初に逃げ出す　B 消化が早い　　C すぐに蹴りをいれてくる
D 話が通じやすい　E 食べ物が腐りやすい

問3 蘊蓄を傾ける

A 自分の知識のすべてを出しつくす
B 不思議な光景を見て首を横に倒す
C 心から尊敬してお辞儀をする
D 自信がないのを隠すため口数が増える
E 口から出任せを延々としゃべり続ける

★耳にしたことはあるが正確な意味を知らない語句や、まったく知らない語句に出くわしたら、この機に辞書で調べて正確な意味を覚えてしまうとよい。なんとなく意味を知っていて日常生活で使い込んでいる語句でも、念のために辞書を引いておきたい。そういう意味では、事前の準備で対応するしかない分野ではある。

例題解説

(問1) 相撲で、脇を締める力が弱いために、相手に有利な組手を許してしまうことから転じて、守りが弱いこと。

(問2) 「鯖は足が早い」（腐りやすい）のように使われる。また、商品の売れ行きがよい場合にも使う。

(問3) 「蘊蓄」（うんちく）はこれまで蓄えた知識や技量のことで、それをすべて注ぎ込むこと。

解答 **(問1)** C **(問2)** E **(問3)** A

その場で考えてもどうにもならないが、誤用が定着している語句の出題が多いので、意外な意味が正解のことがある。まったく分からないときは「らしくない意味」を選ぶ奥の手が功を奏するかもしれない。

言語能力検査 語句の意味

―コラム―

誰が言い出したのか、就職活動と恋愛は似ている点がある。周りを見渡せば、なんであんなに可愛い子があんな男と、という例（「蓼食う虫も好き好き」？）やその逆（「あばたもえくぼ」？）は枚挙にいとまがないのと同様に、もう少し高望みしていいんじゃないかなとアドバイスしたくなるような学生は多いし、逆に、この学生に内定を出したあの会社、大丈夫かな（無謀にも「能ある鷹は爪を隠す」を信じた？）という例もある。結局は、学生本人が、企業自身がよしと判断するならそれでよいのであって、外野がとやかく言うのはおかしい。ともあれ、「相性」の良し悪しが重要だという点では、就職活動と恋愛は似た面がある。

また、就職活動と恋愛には「タイミング」が思いのほか重要である。たまたま面倒見のいい卒業生がいて、とか、合同説明会でたまたま空いていた企業のブースでピンときて、とか、偶然の出会いを大切にしたことがよい結果につながることがしばしばある。

その反面、就職活動では、向こうから告白がないので、自分からガンガンいかないとなにも始まらない。じっと待ち続ける片思いのような、受け身の態度ではダメなのである。また、恋愛は（ストーカーにならない限り）何度チャレンジしても構わないが、就活は基本的にはワンチャンスである。万全な準備をして、一度きりの機会を逃さないでほしい。

思惑・駆け引き・トリック？ など、複雑極まりない仕掛けが満載の「恋愛の方程式」を、ものの見事に解いてしまう学生にとっては、SPIに出てくる方程式なんて赤子の手をひねるようなもの。「賢を賢として色に易え」という箴言さえある。できないのではなく、食わず嫌いなだけでは？

それぞれの問に示された語句の意味と最も近い説明を、A～Eから1つ選びなさい。

問1 気が置けない

A 油断できない　　B 安心できない　　C 空気のように軽い
D 打ち解ける　　E 落ち着かない

問2 役不足

A 役目が不相応に軽いこと　　B 能力が足りないこと
C 人材が余っていること　　D 役目が過大であること
E 作業が単調であること

問3 流れに棹さす

A ある分野で第一人者になること　　B 孤軍奮闘すること
C 状況を把握できないこと　　D 大勢に逆らうこと
E 物事が思い通りに進むこと

問4 噴飯もの

A 腹立たしい　　B 我慢できずに笑ってしまう
C 食べ物を無駄にする　　D 取り返しのつかない間違い
E 心から悔しがる

問5 潮時

A 引き際　　B 紆余曲折　　C チャンス　　D 落ち目　　E 偶然

問6 きんきんに冷やす

A しっかりと冷やす　　B 必要以上に冷やす　　C 凍る寸前まで冷やす
D 冷やして凍らせる　　E 凍ってもさらに冷やす

問7 さくさくと動く

A 想像を超える動きをする　　B 軽快に動く　　C 歯ごたえがよい
D スピードが速い　　　　　　E ゆったりと動く

問8 ざっくりとした説明

A 大雑把な説明　　　　　　　B あっという間に終わった説明
C 無愛想な人がする説明　　　D 内容に厚みがある説明
E 滞りなくなされた説明

問9 ほっこりする

A ほくほくしている　　　　　B いかにも暖かい様子
C 気が和んでいる様子　　　　D くつろいでうつらうつらする
E 小山のように盛り上がっている

問10 うるうるした瞳

A 愛情に満ちた瞳　　　　　　B 魅力的な瞳
C 涙があふれそうな瞳　　　　D 恐怖におののく瞳
E 畏敬の念を持った瞳

問11 破天荒

A 乱暴者　　B 前代未聞　　C 非常識　　D 大胆　　　E 豪快

問12 なし崩し

A 少しずつ片付ける　　　　　B 当初の約束を破棄する
C いい加減、でたらめ　　　　D 不意に物事が完了している
E 計画が破綻する

問13 失笑

A 緊張して笑顔が消える　　　B 冗談が通じなくて笑えない
C あきれて笑えない　　　　　D 悲惨すぎて笑えない
E こらえきれず笑い出す

問14 しどけない

A 幼い   B 悪気がない   C 謙虚
D だらしない   E 色っぽい

問15 敷居が高い

A 不義理からその家に行きにくい   B 高級でとても入りにくい
C 上品すぎて入りづらい   D 常連客が多くて入りにくい
E 自分の身分に比べて格式が高い

問16 姑息

A その場しのぎ   B 卑怯   C 正々堂々としていない
D せこい   E ずるがしこい

問17 悪びれる

A 挑発して喧嘩を売る   B 反省して謙虚になる
C 反発して横柄な態度をとる   D 気後れがして卑屈な振る舞いをする
E 遠慮をして譲る

問18 失念

A 気持ちがこもっていない   B 自分が成功することを願う
C うっかり忘れる   D 他人が失敗することを願う
E 忘れないように努力する

問19 いそいそ

A 忙しくてせわしない   B うれしくて動作がはずむ
C 急なことで急ぐ   D 不快ですぐに撤退する
E 仲がよく寄り添う

▶練習問題解説

(問1) 遠慮したり気をつかったりする必要がなく、心から打ち解けることができる。

(問2) 力量に比べて役目が不相応に軽いこと。⇔「力不足」

(問3) 流れに棹をさして水の勢いに乗るように、物事が思い通りに進行する。

(問4) 我慢できずに笑ってしまう。

(問5) 物事を始めたり終えたりするのに最適な時機。好機。

(問6) しっかりと冷えている様子。

(問7) 物事が滞りなく進行するさま。軽快なさま。

(問8) 大雑把、全体を大きくとらえる、おおまかに。

(問9) いかにも暖かそうなさま。ほかほか。本来は「つやがあって鮮やかなさま」。

(問10) 涙があふれそうな瞳。

(問11) 前人のなしえなかったことをはじめてする。

(問12) 物事を少しずつ片付けていく。徐々に物事を行う。

(問13) 思わず笑い出してしまう。おかしさのあまり噴き出す。

(問14) 身なりなどがきちんとせずだらしない。しまりがないさま。

(問15) 不義理や面目のないことがあって、その人の家へ行きにくい。

(問16) 「こそく」。一時のがれ、その場しのぎ。

(問17) 気後れがして恥ずかしがったり、卑屈な振る舞いをしたりする様子。

(問18) うっかり忘れる、ど忘れ。

(問19) 心が浮き立ち喜び勇む。嬉しいことがあって動作がはずむ。

解答	(問1) D　(問2) A　(問3) E　(問4) B　(問5) C (問6) A　(問7) B　(問8) A　(問9) B　(問10) C (問11) B　(問12) A　(問13) E　(問14) D　(問15) A (問16) A　(問17) D　(問18) C　(問19) B

言語能力検査 語句の意味

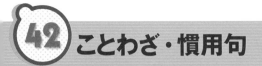

42 ことわざ・慣用句

難易度	★ ★ ★ ★
ペーパーテスト頻出度	★ ★ ★
テストセンター頻出度	★ ★ ★

ことわざや慣用句の正確な意味を問う問題。故事成語は成立過程と転じた意味の双方を覚えておくとよい。使いこなせれば鬼に金棒。

正解率 56%

例題

それぞれの問に示されたことわざ・慣用句の意味に最も近い説明を、A〜Eから1つ選びなさい。

問1 泣いて馬謖を斬る

A 規律に従って厳しく処分する
B 大切にしてきたものを手放す
C 壮絶な戦いに勝利する
D 大切な仲間を裏切る
E 君主に取って代わる

問2 刎頸の交わり

A 上司に気を使わないで済む、飲み放題食べ放題の気楽な酒宴
B 身分の上下に関係なく、同じ食卓で同じ食事を食べる
C しばらく会っていない友人に偶然に出会って懐かしむ
D 席順や料理の作法などが細かく決められた堅苦しい会食
E 相手の身代わりになってもよいと思うくらいの親しい友人

問3 燕雀いずくんぞ鴻鵠の志を知らんや

A 大変な苦労をして小人物が立身出世する
B 若い頃の志を片時も忘れてはいけない
C 昔から苦労をともにした同士、戦友
D 師匠からの心のこもった厳しい忠告
E 小人物には大人物の考えがわからないこと

★頻出のことわざ・慣用句・故事成語は決まっているので、この機会に正確な意味を確認しよう。普段の会話でなにげなく使えるようになれば「鬼に金棒」だ。

例題解説

(**問1**)規律を保つためにはたとえ愛する者であっても、違反者は厳しく処分する。(「馬謖」は「ばしょく」と読み、中国の三国時代における蜀の武将)
(**問2**)その友のためならたとえ首を切られても悔いないくらいの親しい交際。(「刎頸」は「ふんけい」と読み、首を切ること)
(**問3**)燕や雀のような小さな鳥には、オオトリやコウノトリのような大きな鳥の志すところは理解できない。小人物には大人物の考えや志がわからない。(「燕雀」は「えんじゃく」と読み、小さな鳥のこと。「鴻鵠」は「こうこく」と読み、大きな鳥のこと)

解答 (問1)A (問2)E (問3)E

─コラム─

2007年2月2日、文化庁文化審議会の国語分科会は、「敬語の指針」を提出して、敬語の分類を、従来の三分類(尊敬語・謙譲語・丁寧語)から、謙譲語と丁寧語を細分化した五分類(尊敬語・謙譲語Ⅰ・謙譲語Ⅱ(丁重語)・美化語)に改めた。敬語のマニュアル本は多数出ているが、筆者の思い込みや誤植も多く必ずしも正確ではないのが実情なので、悩んだときや困ったときはこの「指針」を参考にするとよい。

尊敬語	「いらっしゃる・おっしゃる」型	尊敬語
謙譲語Ⅰ	「伺う・申し上げる」型	謙譲語
謙譲語Ⅱ(丁重語)	「参る・申す」型	
丁寧語	「です・ます」型	丁寧語
美化語	「お酒・お料理」型	

とはいっても82ページに及ぶ学術的な「指針」を携帯して検索するわけにもいかないだろうし、会話のたびにいま口にした敬語が五分類のどれに該当するかを考える必要もない。まずは使用頻度の多い言葉だけでも正確に使いこなせるようにしておこう。

	丁寧語	尊敬語	謙譲語
言う	言います	おっしゃる	申す
行く	行きます	いらっしゃる	伺う 参る
来る	来ます	お見えになる	参る
会う	会います	お会いになる	お目にかかる
食べる	食べます	召し上がる	頂く 頂戴する
見る	見ます	ご覧になる	拝見する
持つ	持ちます	お持ちになる	お持ちする

ファストフードのカウンターで「店内でお召し上がりですか?」と聞かれたとき、イートインならば「はい(ここで食べていきます)」と答えればよいが、持って帰りたいときはなんと言えばいいのか? 「お持ち帰りで」と答えているのを耳にするが、そのたびに違和感がある。なぜなら「はい、お持ち帰りします」って言っているのと同じことであり、自らの行為に敬意を表しているといえるからだ。

外国語の習得に水を差すつもりは毛頭ないが、まずは日本語ではないだろうか? いま、正しい日本語を話すことができるという、当たり前のことが求められているのである。

それぞれの問に示されたことわざ・慣用句の意味に最も近い説明を、A～Eから1つ選びなさい。

問1 役不足

A 働き手が足りない
B 自ら役割を引き受ける
C 役割を果たす能力がない
D 与えられた役割が軽すぎる
E 多すぎも少なすぎもしない

問2 李下に冠を正さず

A 疑われるような行為は避ける
B 傍若無人な振る舞い
C 父親から息子へ世襲する
D 部下が上司に不正を告発する
E 土地が荒廃して農作物が取れない

問3 傾国

A 財政破綻した国
B 圧倒的な軍事力を持っている
C 身分不相応な贅沢をする
D 山地が多く平野が少ない国土
E 絶世の美女

問4 天網恢恢疎にして漏らさず

A 完璧な計画を立てる
B 天罰は逃れられない
C 秘密を厳守する
D 困難を潔く受け入れる
E 心からの償いをする

問5 鶏口となるも牛後となるなかれ

A 巧遅よりも拙速であるべき
B 組織は小さいほうがよい
C 小さな組織でも長になったほうがよい
D 常に前線に展開する
E 後方から支援する

問6　臥薪嘗胆

A　苦心し努力する　　B　良薬を服用する　　C　働きながら学ぶ
D　本心からではない　　E　策略を練る

問7　温故知新

A　古くからの友人と新しい友人　B　古いことから新しいことを考える
C　新説が旧説を覆す　　　　　　D　歴史の積み重ね
E　故人を偲んで語り合う

問8　捲土重来

A　失敗のあと、盛り返す　　B　遅れて出発する
C　同じ失敗を繰り返す　　　D　好んで何度も訪れる
E　繰り返し災害が発生する

問9　隔靴掻痒

A　めずらしい　　B　もどかしい　　C　ゆるがない、ブレない
D　重宝する　　　E　催促する

問10　切磋琢磨

A　ひとつの技術を磨く　　B　ある才能に秀でる
C　競い合って努力する　　D　明確な夢を描く
E　徐々に疲弊する

問11　まんじりともしない

A　ひとことも言葉を発しない　B　一睡もしない　　C　目が覚めない
D　覇気がない　　　　　　　　E　挨拶さえしない

問12　青天の霹靂

A　急に起きる変化　　B　地価が急騰する　　C　幸運に恵まれる
D　変化に乏しい　　　E　愛想を尽かす

問13　角を矯めて牛を殺す

A　用意周到な準備をして実行する　　B　力があることを誇示する
C　勢い余って大切なことを忘れる　　D　絶好調で調子に乗っている
E　欠点を直して全体をだめにする

問14　武士は食わねど高楊枝

A　名誉を回復する　　B　真摯で誠実である　　C　権力を誇示する
D　やせがまんする　　E　食事の回数を減らす

問15　蛇の道は蛇

A　同類のすることはすぐにわかる　　B　極悪非道な性格、犯罪
C　一度過ちを犯すと繰り返す　　　　D　長く曲がりくねった道、人生
E　未熟だった者が急成長する

問16　一蓮托生

A　生命にあふれている　　　　　　　B　色彩が豊かである
C　最期の願いを託す　　　　　　　　D　行動や運命をともにする
E　これまで築き上げた信頼を失う

問17　快刀乱麻

A　常軌を逸した行動をとる　　　　　B　稀有な才能を持っている
C　事態の収拾にあたる　　　　　　　D　こじれた問題を解決する
E　職人気質を持っている

練習問題解説

(問1) その人の能力に比べて与えられた役割が軽すぎること、役割に満足しないこと。逆の意味のC（力不足）と間違えやすい。

(問2) 人から疑いをかけられるような行いは避けるべき。＝「瓜田に履を納れず」

(問3) 君主が心を奪われて国を危うくするほどの美人。絶世の美女。

(問4) 悪事を働けば必ず捕らえられて天罰を受けることになる（「天網恢恢疎」は「てんもうかいかいそ」と読む）。

(問5) 大きな集団や組織の末端よりも、小さくても長となるほうがよい。

(問6) 復讐を心に誓って辛苦する。目的を遂げるために苦心し努力を重ねる（「がしんしょうたん」と読む）。

(問7) 過去の事実を研究し、そこから新しい知識や見解をひらく（「おんこちしん」と読む）。

(問8) 物事に一度失敗した者が、非常な勢いで盛り返す（「けんどちょうらい」と読む）。

(問9) 思うようにならずにもどかしい。核心に触れないので歯痒い（「隔靴掻痒」は「かっかそうよう」と読む）。

(問10) 努力に努力を重ねる。友人どうしで励まし競い合って向上する（「せっさたくま」と読む）。

(問11) 一睡もしないで起きている。

(問12) 急に起きる変動・大事件。突然受けた衝撃。

(問13) 小さな欠点を直そうとしてかえって全体をだめにしてしまう。

(問14) もとは「武士の清貧や体面を重んじる気風」だが、「やせがまん」の意味に使う。

(問15) 同類のすることはその方面の者にはすぐわかる。

(問16) 仲間として行動や運命をともにする（「いちれんたくしょう」と読む）。

(問17) もつれた事柄を見事に処理する（「かいとうらんま」と読む）。

解答	(問1) D　(問2) A　(問3) E　(問4) B　(問5) C (問6) A　(問7) B　(問8) A　(問9) B　(問10) C (問11) B　(問12) A　(問13) E　(問14) D　(問15) A (問16) D　(問17) D

43 長文読解・短文整序・空欄補充

難易度	★★★★
ペーパーテスト頻出度	★★★
テストセンター頻出度	★★

長文の要旨や短文のつながり、語句の知識などを問う問題。文中
からキーワードを見つけ、論理的に考えて選択肢を絞り込もう。

正解率
52%

練習問題

 次の文章を読んで、設問に答えなさい。

バスケット解析とは、POPデータやECサイトの取引データを分析
して、一緒に買われやすい傾向にある商品の組合せを発見するデータマ
イニングの手法の1つである。なかば都市伝説化しているが、「おむつ
とビール」の組合せがこの代表例である。

おむつを買ってくるように頼まれた父親が、ついでにビールを買って
帰ることが多いという分析結果があるのだそうだ。この傾向を踏まえて、
おむつとビールの売り場を隣接させたところ、さらに売り上げが増した
という話だ。

しかしこのデータは、前世紀末にアメリカの地方都市に集中する数十
店舗のデータを集積しただけであって、そもそも2つの売り場を隣接さ
せて売り上げが増えたという事実はない。おむつとビールの組合せの意
外性とわかりやすさがこのような伝説を生んだのだ。

データ解析を依頼してくるクライアントの多くは、結果の意外性を求
めてくる。それを発見できないデータ・サイエンティストは無能呼ばわ
りさえされる。しかし、ビッグ・データは「当たり前」を証明してくる。
データ解析の結果に希少な意外性を求める態度は間違っている。

この文章の要旨として最も妥当な記述はどれか。A～Eから1つ選びな
さい。
A 意外な組合せを見つけ出せないデータ・サイエンティストは無能で
 ある。
B おむつとビールの売り場を隣接させたら売り上げが増える。
C データ解析を繰り返せば意外性のある結果が見つかる。
D 「おむつとビール」の例はデータの捏造である。
E データ解析に希少な意外性を求めるのは間違いである。

2　次のＡ〜Ｅの短文を並べ替えて意味が通る文を完成させたとき、【　エ　】に入る短文はどれか。Ａ〜Ｅから１つ選びなさい。

ひと昔前の外国人従業員は、日本語もままならず、対応に心底イライラさせられたものだが、昨今は日本語も達者で笑顔を絶やさずに応対してくれる外国人従業員が多くなった。

【　ア　】

【　イ　】

【　ウ　】

【　エ　】

【　オ　】

日本人不在の日本を観光して、海外からはるばるやってきた外国人観光客はどう感じるのだろうか？

A　また、京都にある寺院に詣でたとき、境内を案内してくれたのはブロンドの女性だった。彼女は、日本人よりも日本人らしい所作を身に付けていた。

B　もはや、高級料亭や伝統ある旅館にも外国人従業員がいて、外国人の観光客は同胞から「おもてなし」を受ける可能性がある。

C　接客という仕事に対する丁寧さ、気遣いという日本の美点を、日本人でない従業員から享受する。

D　先日、休みを利用して電化製品を探しに家電量販店に行ったら、少しイントネーションが違うものの、高度な商品知識を持った従業員が懇切丁寧に説明してくれた。

E　自宅近くのコンビニでは、日本人のアルバイトのほうがよほど無愛想である。このことはコンビニに限った話ではない。

3 次のA〜Eの短文を並べ替えて意味が通る文を完成させたとき、【 ウ 】に入る短文はどれか。A〜Eから1つ選びなさい。

台風情報をお届けします。【 ア 】【 イ 】【 ウ 】【 エ 】【 オ 】
次の台風情報は明日の朝6時にお伝えする予定です。

A　台風はその後、熱帯低気圧に変わり、19日には沖縄周辺に達する
　　見込みです。

B　この台風は16日には南シナ海を北上し、17日には台湾に達する
　　見込みです。

C　台風20号は15日現在、ボルネオ島の北にあり、東北東へ時速
　　20kmで進んでいます。

D　熱帯低気圧に変わっても進路周辺の海上はシケとなるため、高波
　　への注意が必要です。

E　中心気圧は889hPa、中心付近の最大風速は秒速25mです。

4 次のア〜カの短文を並べ替えて意味が通る文を完成させたとき、前から4番目に入る短文はどれか。A〜Eから1つ選びなさい。

ア　この中で最も有名なのはやはり第5番の「運命」だろう。
イ　9曲のうちいくつかにはニックネームが付いている。
ウ　この愛称は冒頭を聴いた後世の人が付けたものといわれている。
エ　ベートーベンは9曲の交響曲を残した。
オ　クラシック音楽に詳しくない人でも冒頭の旋律は知っている。
カ　第3番は「英雄」、第5番は「運命」、第9番は「合唱」だ。

A　ア　　　　B　イ　　　　C　ウ　　　　D　エ　　　　E　オ

5 次の文章を読んで、設問に答えなさい。

人口減少や流出、大型店の進出、電子商取引の普及などで客数が減少し、国内の商店街には【　ア　】が鳴いている。特に地方商店街の惨状は、【　イ　】に尽くしがたい。この状況を打破するため、さまざまなマーケティングや施策の実施により、【　ウ　】の光が差してきた商店街もある。こうした取り組みで【　エ　】、客足が戻ることに期待したい。

問1 【　ア　】に最もよくあてはまる語句はどれか。A～Eから1つ選びなさい。

A　女将（おかみ）　　　B　カラス　　　　　C　商店街
D　閑古鳥　　　　　　　E　渡り鳥

問2 【　イ　】に最もよくあてはまる語句はどれか。A～Eから1つ選びなさい。

A　人事　　　　　　　　B　筆舌　　　　　　C　素描
D　天命　　　　　　　　E　デッサン

問3 【　ウ　】に最もよくあてはまる語句はどれか。A～Eから1つ選びなさい。

A　一条　　　　　　　　B　十条　　　　　　C　百条
D　千条　　　　　　　　E　億万条

問4 【　エ　】に最もよくあてはまる語句はどれか。A～Eから1つ選びなさい。

A　刹那　　　　　　　　B　漸次　　　　　　C　逼迫
D　暫時　　　　　　　　E　喫緊

▶ 練習問題解説

1
要旨はこの文章の最終行にあり、Eの記述といえる。
A：「無能呼ばわりさえされる」とあるが、「無能である」と断定されているわけではない。
B：「売り上げが増えたという事実はない」とされている。
C：「意外性のある結果が見つかる」とは述べられていない。
D：「アメリカの地方都市に集中する数十店舗のデータの集積」とあり捏造とはいえない。

解答 E

2
E→D→A→B→Cの順となる。筆者の視点が、身近な事例から徐々に広がっていき（コンビニ→家電量販店→京都にある寺院→高級料亭）、Bの「もはや」で事例の帰結に入ると考えると、E→D→A→Bとつながると想定できる。またCは、事例を通して得た洞察であり、最後に入れるのが適切といえる。

解答 B

3
C→E→B→A→Dの順となる。時系列を追えば整序は容易。「台風」が「熱帯低気圧」に変わることがヒントになる。Eは「台風」の紹介であるので、前の方のイに入れるのが適切である。

解答 B

4
意味が通るように並び替えると、エ→イ→カ→ア→オ→ウの順となる。「9曲」「第5番『運命』」「この愛称」「この旋律」と追っていけば容易に整序できる。

解答 A

5
（問1） 「閑古鳥が鳴く」の「閑古鳥（かんこどり）」とは「カッコウ」のことで、カッコウの鳴き声が寂しいことから、特に人があまり訪れなくなった商店や観光地を表すときに用いられる。
（問2） 「筆舌に尽くしがたい」は、言葉では表現できないほどひどい様子のこと。
（問3） 「一条の光が差す」は、絶望的な状況で希望が見えてきた状態のこと。
（問4） 「徐々に」を意味するB「漸次（ぜんじ）」が適切といえる。A「刹那（せつな）」は「ほんの短い時間」、C「逼迫（ひっぱく）」は「余裕がない状態」、D「暫時（ざんじ）」は「しばらくの間」、E「喫緊（きっきん）」は「差し迫った重要なこと」の意味である。

解答 （問1）D （問2）B （問3）A （問4）B

Part-3

③

構造的把握力検査

構造的把握力検査 を解くポイント

≫ 構造的把握力検査とは

2013年、SPI2はSPI3にリニューアルされ、テストセンターで「構造的把握力検査」が追加されました。企業の採用率は必ずしも高くないようですが、テストとしての有効性は高い（つまり、優秀な学生を選考できている）との評判が定着しているようで、今後、採用する企業は増えていくと思われます。

さて、この検査の出題形式には、

①4つの簡単な文章題から、解法が似た2つを選ぶ形式（非言語系。例題1、練習問題1）
②5つの短文を、構造が似たグループに分ける形式（言語系。例題2、練習問題2）

の2つがあります（勘違いが多いようですが、空間概念・空間把握の検査ではありません）。なお、①の形式では、実際に文章題を解く必要はありません。①は「文章題の解法」、②は「文のグルーピング」とも呼ばれます。

いずれの形式とも、設例の細部に惑わされず、その根底に流れる共通点を見つけ出す力があるかどうかが問われます。慣れないうちは戸惑うと思いますが、まずは論より証拠、問題にチャレンジして特異な感触を体得してしまいましょう。

≫ 非言語分野の勉強方法の見直しを

ところで、なぜこの「検査」が始まったのでしょうか？　おそらくは、言語・非言語の試験だけでは点差がつかなくなったからだと思われます。特に非言語分野は、徹底的にパターンを修得すれば確実に得点がアップします。それにより、問題と解説を丸暗記して高得点を取ってしまう学生が増えてきたのです。

しかし、企業は暗記だけが強い人材ではなく、柔軟に思考できる人材をこそ欲しがっています。それを測定するための尺度が「構造的把握力検査」なのです。

この検査は、特に非言語分野が不得意な（真面目な）学生が陥りがちな学習方法である、ただ闇雲に問題を解いてわからなかったら暗記しちゃえという、「パターン別攻略法」に一石を投じるものと言えるでしょう。パターンを暗記して高得点をとっても「構造的把握力検査」では、化けの皮が剥がれてしまうからです。

「構造的把握力検査」の導入は、非言語分野の勉強方法を見直すよいチャンスと言えます。思い当たる節のある学生は、パターンの修得に終始することなく、**「なぜそうなるのか」**を考えながら問題を解く思考に切り替えることが急務です。

例題1（非言語系）

問

次の短文ア〜エを読み、問題の構造が似ているものを2つ選んだ組み合わせを、A〜Fの中から1つ選びなさい。

ア　P国は、国土の $\frac{3}{7}$ が平野で、その $\frac{2}{9}$ しか居住に適していない。

P国の平野で居住に適した面積は、国土全体の面積のどれほどか。

イ　長方形の土地がある。いま、縦の長さを $\frac{2}{5}$ に縮小し、横の長さを

$\frac{3}{7}$ に縮小すると、出来上がった小さな長方形の面積は、はじめに

あった長方形の面積のどれほどか。

ウ　文庫本を買ってきて、1日目に全体の $\frac{4}{9}$ を読み、2日目に全体の

$\frac{1}{3}$ を読んだ。残りは全体のどれほどか。

エ　長方形の農園がある。全体の $\frac{4}{7}$ の面積で野菜を作っているが、そ

の $\frac{1}{3}$ でトマトを栽培している。トマトを栽培している面積は農園

全体のどれほどか。

A　アとイ　　B　アとウ　　C　アとエ　　D　イとウ　　E　イとエ　　F　ウとエ

例題1　解説

ア：$\frac{3}{7} \times \frac{2}{9}$　イ：$\frac{2}{5} \times \frac{3}{7}$　ウ：$1 - (\frac{4}{9} + \frac{1}{3})$　エ：$\frac{4}{7} \times \frac{1}{3}$　で求めることになる。割合を2回掛ける点でアとイとエが共通するが、イは縦と横の縮小率を掛けただけである。アとエは、全体の中のある部分の、さらにその一部を求めるために割合を2回掛けている（いわゆる「二重の割合」の問題）。したがって、アとエが共通する。

解答　C

① 次の短文ア～エを読み、問題の構造が似ているものを2つ選んだ組み合わせを、A～Fの中から1つ選びなさい。

ア　ある幼稚園で、園児全員にクッキーを配ったところ、2枚ずつ配ったら8枚あまり、3枚ずつ配ったら18枚足りなくなった。園児は何人いたか。

イ　75個のリンゴを6個ずつの袋詰めにしたい。袋はいくつできるか。

ウ　50枚のクッキーを10枚ずつ小分けにして配ったら、何人に配れるか。

エ　63個のリンゴを7人に等分すると、1人あたり何個配れるか。

A アとイ　**B** アとウ　**C** アとエ　**D** イとウ　**E** イとエ　**F** ウとエ

② 次の短文ア～エを読み、問題の構造が似ているものを2つ選んだ組み合わせを、A～Fの中から1つ選びなさい。

ア　ある回転寿司店で、1皿に2貫乗っている皿と、1皿に3貫乗っている皿を、合わせて20皿、合計44貫たいらげた。3貫の皿を何皿食べたか。

イ　36枚のクッキーを、3枚包みと7枚包みに分けたらちょうど分けることができた。7枚包みはいくつできたか。

ウ　1本50円のみたらし団子と1本70円のごまだれ団子を合わせて8本買って450円以下にしたい。みたらし団子を何本以上買わなければならないか。

エ　ある回転寿司店で、1皿150円と1皿360円の2種類ばかりを食べたところ1320円かかった。1皿360円を何皿食べたか。

A アとイ　**B** アとウ　**C** アとエ　**D** イとウ　**E** イとエ　**F** ウとエ

③ 次の短文ア～エを読み、問題の構造が似ているものを2つ選んだ組み合わせを、A～Fの中から1つ選びなさい。

ア　乗用車で自宅とショッピングモールを往復した。平均の速さが、行きは時速40km、帰りは時速60kmだったとすると、往復の平均の速さは時速何kmになるか。

イ　濃度10%の食塩水Pと濃度14%の食塩水Qがある。PとQを同量ずつ混ぜ合わせると濃度何%の食塩水ができるか。

ウ　P町とQ市の人口はほぼ等しく、人口密度はP町が150人/km²、Q市が200人/km²である。いま、P町とQ市が合併すると、人口密度は何人/km²となるか。

エ　P君が1人で取り組むと2時間で、Q君が1人で取り組むと3時間で仕上げる課題がある。この課題をP君とQ君が力を合わせて取り組むと、仕上げるのに何時間かかるか。

A　アとイ　　B　アとウ　　C　アとエ　　D　イとウ　　E　イとエ　　F　ウとエ

④ 次の短文ア〜エを読み、問題の構造が似ているものを2つ選んだ組み合わせを、A〜Fの中から1つ選びなさい。

ア　ある高級果物店では、メロン1個に仕入値の8割の利益を見込んで3600円の定価をつけた。このメロン1個の仕入値はいくらか。

イ　プリンターをメーカー希望販売価格の2割引したら2200円で販売したことになった。このプリンターのメーカー希望販売価格はいくらか。

ウ　定価3000円の専門書を2割引で販売したところ、それでも500円の利益が出た。この本の仕入値はいくらか。

エ　スピーカーのメーカー希望販売価格は、原価12万円の2割増である。このスピーカーをメーカー希望販売価格で売ったとき、利益はいくらか。

A　アとイ　　B　アとウ　　C　アとエ　　D　イとウ　　E　イとエ　　F　ウとエ

⑤ 次の短文ア〜エを読み、問題の構造が似ているものを2つ選んだ組み合わせを、A〜Fの中から1つ選びなさい。

ア　愛車の下取りを見積もってもらったところ、P業者は20万円で、Q業者のほうが20％高かった。Q業者の下取り価格はいくらか。

イ　あるサークルのメンバーは100人で、男性の方が女性より10人多い。このサークルの男性メンバーは何人か。

ウ　愛車の下取りを見積りを取ったところ、R業者は24万円で、新車時の購入価格の20％だった。新車時の購入価格はいくらか。

エ　1km離れた地点にPとQがいて、2人はお互いの方に向かって歩いてきたところ、出会うまでに歩いた距離が、PがQよりも200m長かった。Pは何m歩いたか。

A　アとイ　　B　アとウ　　C　アとエ　　D　イとウ　　E　イとエ　　F　ウとエ

1　ア：$2x + 8 = 3x - 18$　イ：$75 \div 6$　ウ：$50 \div 10$　エ：$63 \div 7$
割り算を使う点でイとウとエ、まとまりを作る点でイとウが共通する。
式に単位を付すとわかりやすい。イ：75個÷6個　ウ：50枚÷10枚
エ：63個÷7人　いわゆる「**等分除**」と「**包含除**」を区別する問題である。

解答　D

2　ア：$2(20-x) + 3x = 44$　イ：$3x + 7y = 36$　ウ：$50x + 70(8-x)$
≤ 450　エ：$150x + 360y = 1320$　で求めることになる。イとエ
は共通して、式の数よりも未知数が多くこのままでは解けないが、自然数
条件があるので絞り込める。いわゆる「**不定方程式**」の問題である。ア
は1次方程式の問題、ウは不等式を使って最小値を求める問題である。
ちなみに、ア：4皿、イ：3包、ウ：3本以上、エ：2皿、が正解となる。

解答　E

3　ア：$\dfrac{1+1}{\frac{1}{40} + \frac{1}{60}}$　イ：$\dfrac{10+14}{2}$　ウ：$\dfrac{1+1}{\frac{1}{150} + \frac{1}{200}}$　エ：$\dfrac{1}{\frac{1}{2} + \frac{1}{3}}$

アは、片道を$x$kmとおくと往路にかかる時間は$\dfrac{x}{40}$時間、復路にかかる

時間は$\dfrac{x}{60}$時間なので、往復で$(x+x)$kmを$\left(\dfrac{x}{60} + \dfrac{x}{40}\right)$時間で往復する

ことになるので、かかる時間は

$$(x+x) \div \left(\dfrac{x}{60} + \dfrac{x}{40}\right) = \dfrac{x+x}{\frac{x}{40} + \frac{x}{60}} = \dfrac{1+1}{\frac{1}{40} + \frac{1}{60}}$$ 時間で求められる。

ウは、P町とQ市のほぼ等しい人口をx人とおくと、P町の面積は$\dfrac{x}{150}$km²、

Q市の面積は$\dfrac{x}{200}$km²なので、合併して$(x+x)$人になると人口密度は

$$(x+x) \div \left(\dfrac{x}{150} + \dfrac{x}{200}\right) = \dfrac{x+x}{\frac{x}{150} + \frac{x}{200}} = \dfrac{1+1}{\frac{1}{150} + \frac{1}{200}}$$ 人/km²で

求められる。イは、同量なので通常の平均を求めてしまえばよく、エは、
平均でなく合計から時間を割り出すものなので、アとウが共通する。い
わゆる「**加重平均**」の問題である。

解答　B

4　ア：$3600 \div 1.8$　イ：$2200 \div 0.8$　ウ：$3000 \times 0.8 - 500$　エ：
$12万 \times 0.2$　となり、割り算のみを使っている点で
アとイが共通する。

解答　A

5　ア：$20万 \times 1.2$　イ：男＋女＝100、男－女＝10　ウ：$24万 \div 0.2$
エ：P＋Q＝1000、P－Q＝200　で求めることになる。和と差を使っ
て解く点でイとエが共通する。

解答　E

例題2（言語系）

問

次の短文ア〜オを読み、指示に従って、方針をP（2つ）とQ（3つ）の2つのグループに分けたとき、Pに分類されるものを選んだ組み合わせを、**A**〜**J**の中から1つ選びなさい。

指示：就職試験の勉強に取り組んでいるが、なかなか成果が上がらない。そこで、次のア〜オの方針を立てて成績向上を図りたい。

　ア　月曜日・水曜日はサークル活動があり、帰宅するのが夜遅くになってしまう。いっそのことサークルをやめてしまおう。

　イ　土曜日はコンビニでアルバイトをしているが、仕事は楽だが拘束時間が長すぎる。いっそのことアルバイトをやめてしまおう。

　ウ　火曜日・木曜日は勉強をしているのだが、友達の家で和気藹々（あいあい）とやっているために効率が悪い。いっそのこと友達付き合いをやめてしまおう。

　エ　金曜日は付き合っている恋人との楽しい時間と決めているが、背に腹は替えられない。いっそのこと恋人とは別れてしまおう。

　オ　日曜日は、家で勉強をしてはいるのだが、音楽やファッションの雑誌に目が行って気が散ってしまう。いっそのこと音楽やファッションの雑誌を捨ててしまおう。

A アとイ	**B** アとウ	**C** アとエ	**D** アとオ	**E** イとウ
F イとエ	**G** イとオ	**H** ウとエ	**I** ウとオ	**J** エとオ

例題2　解説

　ア・イ・エは、勉強時間を確保するためにほかのことをやめる方針だが、ウ・オは、**一応の勉強時間は確保してはいるが効率が悪いので改善しようという方針**である。「量」を確保するのか「質」を上げるかで方針が異なる。なお、その方針が可能かどうか、あるいは功を奏するかはまた別の問題である。

　ア：サークルをやめれば、月曜日と水曜日の勉強時間が確保できる。

　イ：アルバイトをやめれば、土曜日の勉強時間が確保できる。

　ウ：友達付き合いをやめれば、1人で集中して勉強できる。時間はもともと確保されており、質を上げようとしている。

　エ：恋人と別れれば、金曜日の勉強時間が確保できる。

　オ：音楽やファッションの雑誌を捨てれば、集中して勉強ができる。時間はもともと確保されており、質を上げようとしている。

解答　**I**

① 次の短文ア〜オを読み、関係性の違いによってP（2つ）とQ（3つ）の2つのグループに分けたとき、Pに分類されるものを選んだ組み合わせを、A〜Jの中から1つ選びなさい。

ア　私が高校のときに所属していたサッカー部で全国大会まで勝ち進んでいたら、プロ選手を目指していたかもしれない。現在、Jリーグで活躍している友人を見ると、うらやましくなるよ。

イ　もし父親がITエンジニアで世界的な企業と取引をしていたら、私もそれに感化されてきちんと勉強していたかもしれない。プログラミングがなかなかうまくできない自分が悲しくなる。

ウ　子どもが中学でサッカーをしていて、あと1勝で全国大会まで進めそうなんだ。将来はプロ選手になりたいと言っているけれど、本当にその道に進んでうまくいくのか心配になるよ。

エ　もし希望のソフトウェア会社に入社できたら、さまざまな海外企業と取引をして、世界の基盤となるソフトウェアを開発してみたい。夢かもしれないけれど、そう思うと励みになる。

オ　宇宙旅行が身近になって、もし私でも宇宙に行ける日が来たら、宇宙空間から見る地球が本当に青いかどうか、この目で確かめることができるのに。

A　アとイ	B　アとウ	C　アとエ	D　アとオ	E　イとウ
F　イとエ	G　イとオ	H　ウとエ	I　ウとオ	J　エとオ

② 次の短文ア〜オを読み、関係性の違いによってP（2つ）とQ（3つ）の2つのグループに分けたとき、Pに分類されるものを選んだ組み合わせを、A〜Jの中から1つ選びなさい。

ア　ようやく治ったと思ったのに、また風邪を引きそうだ。急な雨に当たって、全身ずぶ濡れだ。

イ　ずいぶんな雨量だったけれどもようやく少し太陽が見え始めた。試合が再開できる。

ウ　一発の銃声が静寂を破った。殺人課の刑事たちの現場検証が始まる。

エ　最近では台風や大雨、洪水などの被害が頻繁に発生している。気候変動対策を急速に進めなければならない。

オ　プレゼンの資料を徹夜で作り直したのに、クライアントとの打ち合わせに遅刻しそうだ。急病人が出たとかで、乗っていた電車が急停車した。

A　アとイ　　B　アとウ　　C　アとエ　　D　アとオ　　E　イとウ
F　イとエ　　G　イとオ　　H　ウとエ　　I　ウとオ　　J　エとオ

3 次の短文ア～オを読み、クレームの種類によってP（2つ）とQ（3つ）の2つのグループに分けたとき、Pに分類されるものを選んだ組み合わせを、A～Jの中から1つ選びなさい。

ア　北陸名産の蟹だというので楽しみにしていたのに、送られてきた蟹は、数こそあっていたがひとつずつが小ぶりで、表示されていた重さの半分もなかった。代金を返してほしい。

イ　タイムサービスなので破格値で販売するというから新しいPCを買ったのに、店員の態度がとても横柄だった。謝罪してほしい。

ウ　いくら安くしてくれても配送料が高すぎて、これでは安くしてもらった意味がない。もっと配送料を安くしてほしい。

エ　持ち帰ることができないので本棚の配送を頼んだが、棚板を留める金具が足りない。金具をすぐに送ってほしい。

オ　単価は安いけれども毎月確実に購入するのだから、定期購入している商品についてだけはもっと値引きしてほしい。

A　アとイ　　B　アとウ　　C　アとエ　　D　アとオ　　E　イとウ
F　イとエ　　G　イとオ　　H　ウとエ　　I　ウとオ　　J　エとオ

4 次の短文ア～オを読み、情報とそれに基づく判断の違いによってP（2つ）とQ（3つ）の2つのグループに分けたとき、Pに分類されるものを選んだ組み合わせを、A～Jの中から1つ選びなさい。

ア　天気予報によると、明日の夜は氷点下になるそうなので、クリーニングに出したままの厚手のコートをあわてて取りに行った。

イ　天気予報によると、明日は風が強いらしいので、せっかく咲いた桜の花が散ってしまうかもしれない。

ウ　天気予報によると、明日からいよいよ冬本番で、乾燥がいっそう進むそうなので、加湿器を押入れから引っ張り出してきた。

エ　天気予報によると、明日はこの夏一番の暑さらしいので、生ビールの仕入れを2倍にする旨のメールを取引先の卸売店に送った。

オ　天気予報によると、いよいよ入梅なので、田舎のじいちゃんばあちゃんは、雨のなかでの田植えが大変だろうなあ。

A　アとイ　　B　アとウ　　C　アとエ　　D　アとオ　　E　イとウ
F　イとエ　　G　イとオ　　H　ウとエ　　I　ウとオ　　J　エとオ

⑤ 次の短文ア～オを読み、関係性の違いによってP（2つ）とQ（3つ）の2つのグループに分けたとき、Pに分類されるものを選んだ組み合わせを、A～Jの中から1つ選びなさい。

ア　昼を食べてから、少し昼寝をした。午後の会議がなくなったので。

イ　仕事を定時で切り上げて帰宅の途についた。結婚記念日で、妻とレストランで食事をする約束をしていたので。

ウ　デジタルカメラを持ってクリスマスイベントに参加した。参加できなかった人に見せるための写真を撮りたかったので。

エ　鍋を焦げ付かせてしまった。10分は強火のままにしろと本に書いてあったので。

オ　伝えたいと思っていたことを伝えられなかった。いざ顔を合わせると恥ずかしくなってしまうので。

A　アとイ	B　アとウ	C　アとエ	D　アとオ	E　イとウ
F　イとエ	G　イとオ	H　ウとエ	I　ウとオ	J　エとオ

▶ **練習問題2　解説**

① アとイは、「ありえない仮定（現実に反する仮定）」、他は可能性がゼロではない仮定である。

解答　A

② アとオは、後半の文章が、前半の文章の理由になっているが、他は逆である。「～ので」を付けてみるとわかりやすい。

解答　D

③ アとエは、数量限定、部品欠如といった、そのままでは用途に適さない「本質的な欠陥」を指摘するクレームであるが、他は販売方法全般に対するクレームである。

解答　C

④ アとウとエは情報からアクションを起こしているが、他は予想や感想を述べただけである。

解答　G

⑤ イとウは、後半の文章が、前半の文章の目的になっているが、他はただの理由である。

解答　E

Part-④
性格検査

① 性格検査の極意

性格検査とは

　銀座にある老舗のお寿司屋さんの偉い方が、テレビのインタビューで「お寿司屋さんにとって『いい客』とは？」と問われ、開口一番「こんちは、と威勢良く入って来て、何も言わずにお金を置き、そのまま帰っていくお客様です」と答えていました。「ネタについて蘊蓄を傾ける客」「握った寿司をすぐに食べない客」「注文しないで長居する客」「飲みすぎる客」などが嫌われるのは常識的にわかりますが、そんな正論を吐いていたら、「何を偉そうに」と反感を買ったことでしょう。あえて茶化して答えた機転に感心しました。洒落のわかる「江戸っ子」ですね。

　閑話休題。企業にとって「いい学生」とはどんな学生でしょう。本音はずばり「安い給料でも文句を言わず、会社のために働いてくれる学生」に決まっています。このご時世、そんな失言をすればすぐに「炎上騒ぎ」ですが。具体的に、人事担当者の発言をつなぎ合わせて「採用したい理想の学生」を作り上げると次のようになります。

　明るく爽やかに挨拶ができ、周囲への気遣いを忘れず、気分にムラがなく落ち着いていて、仕事はテキパキと正確・迅速にこなし、物言いはハキハキとわかりやすく、裏表がなく、上司を大切にし、部下にも慕われ、気分転換が上手にでき、目標を持って粘り強く取り組み、健康で、時間に正確で……。これではまるで「雨ニモマケズ」ですね。

　誤解を恐れずに言い切ってしまえば、性格検査は「騙し合い」です。その対策に長時間を費やすのは無駄です。とはいえ、ありのままをさらけ出せばよいというわけでもありません。この本でそのあたりの「勘所」をつかんでください。対策はその程度で十分。キリがないからです。

お化粧はしてもよいが、整形をしてはいけない

　よく「性格検査では、正直に答えるべきか？」と質問されます。肯定説、否定説、折衷説が入り乱れていて、論者それなりの理由があり、なるほどと思う考え方もあります。私は「少しはよく見せてもよいが、

嘘はダメ」、わかりやすく言うなら「化粧する程度に自分をきれいに見せるのはよいが、整形はいけない」と考えます。男子もこの例えでわかってください。

　「性格検査には、正解があるのか？」という質問もよくあります。「明るく爽やかだったらそれでいい（仕事なんてそもそも期待してない）」という会社もあれば、「大きな声で挨拶なんかしなくていいから、確実に仕事をしてほしい」という会社もあるでしょう。ですから、会社ごとに正解がある、というのが正解です。重要と考える設問の配点を高くすることで、会社の本音を採点に反映させることができるので、ある程度は志望先の社風や気質を把握しておく必要があります。それには、自分の大学の卒業生に会って聞くのが最良の手段です。接触が難しければ、大学で就職課の職員から感触を聞き出すのも一案です。長年培った彼らの感覚は無視できません。なお、Web上の情報は玉石混淆（石の方が多い）ですのでご注意を。

性格検査で落とされたのなら、むしろ幸いと思うべき

　自分を偽って採用されたら、辞めるまでその人格を演じ続けなければなりません。「入ってしまえばなんとかなる」、あるいは「なんとかする」と割り切れる、適応能力の高い人なら心配いりませんが、真面目な人（大多数の人です）ほど入ってからが大変です。社内では浮いた存在になり、軽いウツ状態になること必至です。入社3年以内の離職率が30％を超えている、との報道があります。中にはキャリアアップして、次のステップに進むために辞める方もいるでしょう。しかし多くの場合は、ミスマッチが顕在化して耐えられなくなるのだと思います。実際に離職する人が30％以上もいるのですから、潜在的な退職希望者はかなりの数に上ることでしょう。

　自分を偽って、自らミスマッチの会社に入社しに行く必要はないのです。ある程度正直に回答して、結果として性格検査で落とされたのなら、その会社とは縁がなかったと思って次を探しましょう。そういう割り切りこそが大切です。

ただ、「性格検査で失敗して落とされた」と思い込んでいる学生が
意外と多いのですが（Web上だけかもしれません）、実際に性格検査
が原因で落とされる学生は少ないようです。「回答数が極端に足りな
くて評価できなかった」場合や、「極端に反社会的な性格（凶暴性や暴
力親和性）が出た」場合は、残念ながら一発退場ですが、普通に日常
生活を送り、普通の学生をやっている限り、性格検査で引っかかるよ
うなことはまずありません。見過ごすことのできない「極端さ」が嫌
われるのですが、これは一般の社会でも同じことです。

異なる質問がランダムに、矢継ぎ早に出題される

　性格検査には18の尺度が用意されていて、それらは大きく次の4
つの側面に分けられます。
・行動的側面　　　　（①社会的内向性、②内省性、③身体活動性、
　　　　　　　　　　　④持続性、⑤慎重性）
・意欲的側面　　　　（⑥達成意欲、⑦活動意欲）
・情緒的側面　　　　（⑧敏感性、⑨自責性、⑩気分性、⑪独自性、
　　　　　　　　　　　⑫自信性、⑬高揚性）
・社会関係的側面　　（⑭従順性、⑮回避性、⑯批判性、⑰自己尊重性、
　　　　　　　　　　　⑱懐疑思考性）

　漢字だと何やら難しく感じられますが、たとえば「⑬高揚性」は
「調子に乗りやすいタイプかどうか」、「⑱懐疑思考性」は「他人の考え
を鵜呑みにするか、まずは疑ってかかるか」の尺度と考えてください。
各項目間には緊密な関係があり、重複する部分もありますから、項目
それぞれの内容を神経質に考える必要はありません。

　ここで重要なのは、同じ項目の質問が続くのではなく、異なった
項目の質問がランダムに、矢継ぎ早に出題されるということです。1
つの質問に対して芳しくない回答をしてしまったからといって、それ
だけで性格が判断されるわけではないのです。検査時間に対して質問
数が非常に多く、似たような質問が繰り返し出てきますが、そのすべ
てに望ましくない回答をした場合にのみ「看過できない程度の極端
さ」が認められてしまうのであり、少々のブレは案ずるに足りません。

② 性格検査の尺度

ES（エントリー・シート）との整合性を

性格検査で判断された「性格」と、ESに書いた「性格」があまりにも異なると、面接官は不審に思います（そういう人は面接まで行けない公算が高いですが）。性格検査では、スピードに煽られて正直に回答してしまう人が多いので、ESのほうに嘘があると判断されてしまうでしょう。多少の乖離は許されるとしても、極端に異なる性格を基に自己PRしたところで、誰も聞いてくれません。つまり、ESもできるだけ正直に、ありのままを書くのが無難なのです。もちろん、スッピンで勝負しろと言っているわけではありません。一般的な基準を提示することはできませんが、「お化粧はしても整形はダメ」の基準を自分にあてはめて、考えてみてください。

性格検査の18尺度の詳細

性格検査には次のような2つの出題・回答形式があります。

・形式Ⅰ：相対する2つの性向が呈示され（ここではPとQとします）、どちらに近いかを選択させる。

    A Pに近い

    B どちらかといえばPに近い

    C どちらかといえばQに近い

    D Qに近い

・形式Ⅱ：行動や思考が呈示され、それにどの程度あてはまるかを選択させる。

    A あてはまる

    B どちらかというとあてはまる

    C どちらかといえばあてはまらない

    D あてはまらない

以下の表は、18尺度の具体的な内容を示したものです。ただ、これはあくまでも参考程度に止めてください。「この尺度にはこう答えなければならない（こう答えたらいい印象を持たれる）」という偏見による思い込みは禁物です。

① 社会的内向性	測定内容	対人関係に積極的か消極的か
	形式Ⅰ	P：社交的である
		Q：初対面の人は苦手だ
	形式Ⅱ	人見知りするほうだ
② 内省性	測定内容	自分の頭で深く考えるかどうか
	形式Ⅰ	P：考えてから行動する
		Q：考える前に行動する
	形式Ⅱ	深く考え過ぎるきらいがある
③ 身体活動性	測定内容	運動することが好きかどうか
	形式Ⅰ	P：休日は外出しない
		Q：休日は外で運動する
	形式Ⅱ	フットワークが軽い
④ 持続性	測定内容	粘り強く取り組めるかどうか
	形式Ⅰ	P：忍耐強い
		Q：諦めが早い
	形式Ⅱ	一つのことにとことん取り組む
⑤ 慎重性	測定内容	慎重に物事を進めることができるか
	形式Ⅰ	P：旅行は事前の計画を立てる
		Q：旅行は成り行き任せが刺激的
	形式Ⅱ	石橋を叩いて渡る性格だ
⑥ 達成意欲	測定内容	高い目標を掲げ努力するかどうか
	形式Ⅰ	P：同期には負けたくない
		Q：出世よりも大切なものがある
	形式Ⅱ	それなりの成功で満足できる
⑦ 活動意欲	測定内容	迅速な決断・行動ができるか
	形式Ⅰ	P：動作がテキパキとしている
		Q：じっくりゆっくり取り組む
	形式Ⅱ	締切ギリギリでも間に合えばよいと思う
⑧ 敏感性	測定内容	神経質かどうか
	形式Ⅰ	P：人がいると集中できない
		Q：周囲の騒音は気にならない
	形式Ⅱ	緊張しやすいほうだ
⑨ 自責性	測定内容	失敗して自分を責めるかどうか
	形式Ⅰ	P：失敗してもすぐに立ち直る
		Q：失敗するとなかなか立ち直れない
	形式Ⅱ	自己嫌悪に陥りやすい

		測定内容	感情が顔に出やすいかどうか
⑩ 気分性		形式Ⅰ	P：怒りを抑えられない
			Q：感情をコントロールできる
		形式Ⅱ	感情の浮き沈みが激しい
⑪ 独自性		測定内容	自分なりの考えがあるかどうか
		形式Ⅰ	P：先例や慣例を重視する
			Q：みんなと同じことはしたくない
		形式Ⅱ	常識に縛られない考え方ができる
⑫ 自信性		測定内容	自尊心があるかどうか
		形式Ⅰ	P：大勢の中では自分は優秀なほうだ
			Q：大勢の中では自分は劣るほうだ
		形式Ⅱ	他人を馬鹿だと思うことがある
⑬ 高揚性		測定内容	調子に乗りやすいか
		形式Ⅰ	P：褒められると気分が高まる
			Q：褒められても「別に」と思う
		形式Ⅱ	はしゃぐことがある
⑭ 従順性		測定内容	上司の意見に従うか
		形式Ⅰ	P：指示にはそのまま忠実に動く
			Q：指示の内容に納得しないと動けない
		形式Ⅱ	上司と部下はよりフランクな関係が望ましい
⑮ 回避性		測定内容	対立を回避するかどうか
		形式Ⅰ	P：意見が対立したらとことんやりあうべきだ
			Q：自説を曲げてもできるだけ対立は避けたい
		形式Ⅱ	リスクは克服するのではなく避ける方が賢明だ
⑯ 批判性		測定内容	他人に批判的かどうか
		形式Ⅰ	P：相手が誰でも間違ったことは許せない
			Q：間違いは誰にでもあることだ
		形式Ⅱ	自分と反対の意見の人とはとことん話し合う
⑰ 自己尊重性		測定内容	他者の意見に影響されるか
		形式Ⅰ	P：他者の賛成は必要ない
			Q：反対されると考え直す
		形式Ⅱ	周囲の理解はさほど重要ではない
⑱ 懐疑思考性		測定内容	他者との距離が取れるか
		形式Ⅰ	P：反対意見でもまず尊重する
			Q：賛成意見でもまず疑ってかかる
		形式Ⅱ	まず「でも」と言ってしまう

性格検査

●著者紹介

山本 和男（やまもと かずお）

SPIをはじめとする民間企業採用試験（数理系非言語分野）や公務員試験（数的処理）の解説、試験対策書の執筆に携わる。学習院大学法学部法学科在学中より、大手進学塾講師および専門学校にて公務員試験合格指導に携わり、現在はフリーランスとして全国津々浦々の大学・短大を回り、休みなく講義・講演を行っている。

■お問い合わせについて

●本書の内容に関するお問い合わせは、**書名・発行年月日を必ず明記**のうえ、文書・ＦＡＸ・メールにて下記にご連絡ください。電話によるお問い合わせは、受け付けておりません。
●本書の内容を超える質問にはお答えできませんので、あらかじめご了承ください。

本書の正誤情報などについてはこちらからご確認ください。
（https://www.shin-sei.co.jp/np/seigo.html）

●お問い合わせいただく前に上記アドレスのページにて、すでに掲載されている内容かどうかをご確認ください。
●本書に関する質問受付は、2025年9月末までとさせていただきます。

●文　書：〒110-0016 東京都台東区台東2-24-10 （株）新星出版社 読者質問係
●ＦＡＸ：03-3831-0902
●お問い合わせフォーム：https://www.shin-sei.co.jp/np/contact-form3.html

2026年度版 速攻！これだけ!! SPI

2024年1月25日　初版発行

著　　者　　山　本　和　男
発 行 者　　富　永　靖　弘
印 刷 所　　公 和 印 刷 株 式 会 社

発行所　東京都台東区 株式　**新星出版社**
　　　　台東2丁目24 会社
　　　　〒110-0016　☎03（3831）0743

©Kazuo Yamamoto　　　　　　　　　Printed in Japan

ISBN978-4-405-02766-4